Der Hirsch und die Tierwelt Europas

Maria Pia und Alessandro Minelli

Der Hirsch und die Tierwelt Europas

Zeichnungen von Gabriele Pozzi

Südwest Verlag München

In der Reihe DIE TIERWELT DER ERDE
erscheinen ferner folgende Titel:

DER LÖWE und die Tierwelt Afrikas
DAS LAMA und die Tierwelt Südamerikas
DER TIGER und die Tierwelt Asiens
DER BISON und die Tierwelt Nordamerikas
DAS KÄNGURUH und die Tierwelt Australiens
DER WAL und die Tierwelt des Meeres
DER EISBÄR, DER PINGUIN und die Tierwelt der Polargebiete
DER HUND und andere Haustiere

Titel der italienischen Originalausgabe:
Il CERVO e gli animali dell'EUROPA

Redaktionsleitung: Renata Bini
Graphische Gestaltung: Maurizio Turazzi, Margherita Forestan
und Brunhild Kindermann
Redaktion: Margherita Forestan
Redaktionssekretariat: Aurora Antinucci

Übersetzung aus dem Italienischen: Dr. Marcus Würmli

1. Auflage 1984
Alle Rechte der deutschen Ausgabe bei
Südwest Verlag GmbH & Co. KG, München

Umschlag: Manfred Metzger

ISBN 3-517-00827-3

© 1983 Arnoldo Mondadori Editore S. A., Mailand
Printed in Spain at Artes Graficas, Toledo S.A. D. L. TO: 1700 -1983

Inhalt

16 Europa aus der Vogelschau

20 Die Alpen

Leben zwischen den Felsen 22 – Der Steinadler 23 –
Hermelin und Alpenschneehuhn 25 – Die Bergeidechse
und ihre Jungen 26 – Der Alpensalamander 28 – Der
Sandlaufkäfer 30 – Der Auerhahn 31 – Der Wolf und seine
Heimat 32

34 Die Wälder

Stimmen zwischen den Bäumen 36 – Der Specht 37 – Die
Straßen der Ameisen 38 – Der Buchdrucker 40 – Begeg-
nung mit dem Hirsch 41 – Die Kreuzotter 42 – Der luftige
Lebensraum des Siebenschläfers 44 – Die Spaziergänge des
Eichhörnchens 45 – Dachs und Fuchs 46 – Tausende von
Lebewesen im Boden 47

48 Wiesen und Weiden

Geflügelte Lebewesen 50 – Die Schaumzikade 51 – Bienen
und Hummeln 52 – Leben im Untergrund 54 – Ein neuer
Tag 56

58 Die Gewässer

Die Quelle 60 – Der See 63 – Die Rohrdommel 64 – Am
Fluß entlang 65 – Das Haus der Köcherfliege 66

68 Dünen und Macchia

Auf dem Sand 70 – Ein Geierleben 71 – Leben im Gehölz
72 – Das Wildschwein 73 – Gefahren der Macchia 74

76 Übersicht über die Wirbeltiere Europas

79 Bildnachweis

80 Stichwortverzeichnis

Europa aus der Vogelschau

Heute, an der Schwelle zum 3. Jahrtausend nach Christus, fällt es uns schwer, auf der Erde noch einen unberührten, unverschmutzten Winkel zu finden, an dem keine Spuren menschlicher Tätigkeit sichtbar wären. Und in Europa ist dies schier unmöglich, denn unser Kontinent wird seit Jahrtausenden von Völkern unterschiedlichster Kultur besiedelt. Fast überall herrscht eine hohe Bevölkerungsdichte, und Straßen führen in die entlegensten Gebiete.

Doch auch noch in unserer Zeit bietet Europa ein abwechslungsreiches Landschaftsbild – Wälder und Weiden, Flüsse, Seen und Sümpfe, Sanddünen, Heiden und alpine Matten. Bis in die Herzen der Großstädte hinein wohnt der Mensch zusammen mit Bäumen und Vögeln, Schmetterlingen, Blumen und Gräsern, und seien es auch nur jene, die in den Vorgärten oder Asphaltritzen der Straßen wachsen.

Noch gibt es bei uns kühle, schattige Wälder, in denen Buchen ein hallenartiges Dach bilden. Noch stehen Fichten- und Lärchenwälder sowie lichte, warme Eichenhaine mit ihren knorrigen, weitverzweigten Stämmen. Werfen wir einen Blick unter das Kronendach. Wir sehen den Specht bei der Arbeit, wie er kleine Insekten unter der Rinde und in Holzritzen aufspürt. Das Eichhörnchen springt von einem Ast zum anderen und ist immer auf der Suche nach Haselnüssen oder Pinienkernen. In feuchten Auwäldern mit ihrem sattgrünen Unterwuchs und den hellen Lichtungen ist der Hirsch zu Hause, und einst lebte hier auch noch der Braunbär.

Von den Wäldern schweift unser Blick auf die Wiesen und Weiden. Sie tragen einen Kräuterteppich, der besonders an feuchten Stellen kräftig und dicht, an trockenen hingegen zart und spärlich ausgebildet ist. Hier ist das Reich der bunten Blumen und Schmetterlinge, das Herrschaftsgebiet unzähliger Ameisen. Ein unsichtbares, weil unterirdisches Leben führen Regenwürmer, viele Insekten, Tausenfüßler, Mäuse und Maulwürfe. Diese Welt der Kleinlebewesen gerät schnell in Aufregung, wenn die Flugsilhouette eines hungrigen Falken erscheint. Abends kehrt Stille ein, die nur vom Gesang der Grillen und vom melancholischen Ruf des Kauzes gestört wird. Und im Frühsommer verbreiten die Glühwürmchen ihr mildes Licht.

Dann gibt es viele Flüsse. Als schnell fließende Bäche nehmen sie im Gebirge ihren Anfang. Wenn das Tal und somit das Bachbett breiter werden, werden die Bäche langsamer und münden in einen See. Am anderen Ende treten sie als Flüsse wieder auf, träger allerdings und schlammiger. Schließlich wachsen sie zu Strömen an und fließen ins Meer. An den Ufern der Bäche und Flüsse hat der heute seltene, geschmeidige Fischotter seinen Bau. Er stürzt sich ins Wasser und kommt bald wieder an die Oberfläche, triefend naß und mit einem Fisch

Nur wenige Teile der Welt zeigen eine derart vielfältige Landschaft wie Europa. Hier lebt unter den unterschiedlichsten Klimatypen eine mannigfaltige Tierwelt – angefangen von den Tieren des hohen polaren Nordens bis hin zu den Lebewesen des trockenwarmen Mittelmeergebiets.

16

1 Fischotter
2 Lachs
3 Reh
4 Iltis
5 Murmeltier
6 Damhirsch
7 Schmutzgeier
8 Eichelhäher
9 Siebenschläfer
10 Biber
11 Flamingo
12 Eisvogel
13 Steinadler
14 Maulwurf
15 Graureiher
16 Steinbock
17 Igel
18 Kreuzotter
19 Wildschwein
20 Stachelschwein

21 Eichhörnchen
22 Mauswiesel
23 Gänsegeier
24 Grünspecht
25 Wolf
26 Marder
27 Rothirsch
28 Auerhahn
29 Weißstorch
30 Dachs
31 Spitzmaus
32 Wildkatze
33 Uhu
34 Aal
35 Schermaus
36 Braunbär
37 Luchs
38 Kuckuck
39 Fuchs

zwischen den Zähnen. An den Ufern von Seen und Altwasserar- men stehen große Schilfbestände. Sie wimmeln vor Fröschen und Kaulquappen und stellen ein Paradies für Libellen dar. Schließlich gelangen wir zu den Dünen am Meer, wo der heiße Sand auch im Sommer vor Leben wimmelt. Und von der nahegelegenen Macchia, dem Buschwald der Mittelmeerländer, hören wir den monotonen Gesang der Zikaden.

Beginnen wir also unsere Reise durch die Lebensräume Euro- pas in den Alpen. Am Ende landen wir bei den sonnigen Stränden des Mittelmeers. Auf unserer Reise werden wir das Tierleben oft nur im Verborgenen entdecken. Wenn wir Glück haben, offenbart es uns aber immer wieder die erstaunlichsten Anpassungen, die ein Überleben der Art gewährleisten.

1

2

Im Flugzeug zeigen sich unserem Blick die schneebedeckten und vergletscherten Alpenketten, deren Profil sich deutlich gegen den blauen Himmel (3) abhebt. Das ist eines der zahlreichen Gesichter Europas. Zu ihnen zählen auch der Fluß, dessen Strömung immer geringer wird, je mehr er sich der Mündung ins Meer (1) nähert, oder die helldunkle Macchia (2), die an den Ufern des Mit- telmeers wächst. Ein großer Teil Euro- pas ist von blütenübersäten Wiesen und Weiden (4) bedeckt, einem Paradies für Schmetterlinge und Tausende anderer Insekten. Der letzte wichtige Lebens- raum sind die Wälder (5), die zur Hauptsache aus Fichten, Buchen, Tan- nen und Eichen bestehen. In ihnen leben das elegante, unauffällige Reh, der Hirsch mit seinem mächtigen Geweih und an wenigen Stellen noch der Braun- bär, der so gerne Honig frißt.

3 4

5

Die Alpen

Im Gebirge aufzusteigen, hat etwas von einer Reise in den hohen Norden an sich. Zunächst durchqueren wir Eichen- und Buchenwälder, doch bald machen sie der Tanne, der Fichte und der Lärche Platz. Dann folgt eine niedrige Krummholzzone, darauf ein Gürtel aus Kleinsträuchern wie der Heidelbeere. Am Rande alpiner Matten gedeiht der kleinste Baum, den es gibt, die ganz in den Boden eingewachsene Zwergweide, von der nur die Blätter sichtbar werden. Schließlich folgt die Zone des ewigen Schnees. Nur die Felsen überziehen sich dort in der extrem kurzen Vegetationszeit mit Blüten. Überall finden wir in den Alpen Tiere, in den Wäldern und auf besonnten Weiden, ja sogar auf nackten Felsen, wo sich Gemsen und Steinböcke tummeln. Und der blaue Himmel schließlich ist das unumstrittene Reich des Steinadlers.

1 Mauerläufer	19 Wolf
2 Mauswiesel	20 Auerhahn
3 Bergeidechse	21 Schneehase
4 Alpenbock	22 Alpensalamander
5 Birkhahn	23 Alpenspitzmaus
6 Tausendfüßer	24 Wasseramsel
7 Körniger Laufkäfer	25 Alpendohle
8 Goldlaufkäfer	26 Steinadler
9 Steinkriecher	27 Steinbock
10 Sandlaufkäfer	28 Gemse
11 Uhu	29 Alpensegler
12 Luchs	30 Alpenschneehuhn
13 Hermelin	31 Alpenkrähe
14 Schermaus	32 Apollofalter
15 Gehäuseschnecke	33 Gelber Bär
16 Mäusebussard	34 Murmeltier
17 Haselhuhn	35 Mohrenfalter
18 Wildkatze	36 Flechtenbär

Leben zwischen den Felsen

Der Himmel ist schon klar und hell, aber die Sonne zögert noch, über den verschneiten Felsen aufzusteigen, die den Blick gegen Osten versperren. Im Tal kommt Wind auf, der immer weiter über die niedrigen Weiden und die letzten Zwergsträucher bläst. Das Wasser eines Bächleins fließt zwischen Felsbrocken schnell zu Tal. Wir befinden uns im Gebiet der Gemsen, doch es war nicht einfach, sie zu finden. Seit Tagen verfolgen wir ihre Spuren; wir kennen ihre Aufenthaltsorte, die mageren Weiden, die ihnen genügend Nahrung geben, die Felsen und Abhänge, in denen sie sich furchtlos auf ihren Hufen bewegen. Sie sind immer bereit, beim Herannahen eines Menschen weit durch die Luft von einem Felsen zum anderen zu springen. Heute jedoch befindet sich die kleine Gemsherde in Sichtweite, auf einem Felsgrat, in dessen Spalten noch später Schnee liegt, weil er vor den Sonnenstrahlen geschützt ist. Wir sehen insgesamt ein Dutzend Tiere, einige Mütter mit ihren Jungen, die erst vor kurzem geboren wurden, und ein paar einjährige Gemsgeißen, die noch nicht zur Fortpflanzung gekommen sind. Die erwach-

2

1

Nur wenige Tierarten ertragen die schweren Umweltbedingungen im Hochgebirge. Noch auf den steilsten Felsen begegnen wir dem Steinbock (1) und der Gemse (2, 3). Sie begnügen sich mit der kargen Grasnahrung, die ihnen die höchstgelegenen Weiden zwischen den Felsen bieten.

3

senen Männchen fehlen; sie leben als stolze Einzelgänger zwischen den Felsen – Könige eines Reiches, das sie kaum mit anderen Tieren zu teilen haben.

Es ist nicht leicht, im Hochgebirge zu leben, wo der Boden die meiste Zeit des Jahres über von Schnee und Eis bedeckt ist. Der Winter dauert lange und macht nur ungern einem kurzen Sommer Platz, der allerdings warm und voller Blüten ist. Doch auch im Sommer müssen die Tiere stets gewärtig sein, daß Schnee fallen kann.

Die Gemse

Der Huf auf
ebenem Gelände

So hält der Huf
am Abhang

Begegnung
zwischen
Rivalen

Ein Männchen markiert
seine Anwesenheit
an einem Alpenrosenbusch,
durch Hornstöße oder
Geruchsspuren

An den Südhängen, wo die Sonne länger scheint und wo der Winter weniger lang dauert, lebt der Steinbock, die Wildziege der Alpen. Wie stolz sieht er aus mit seinen beiden säbelförmigen, knotigen, bis 1 Meter langen Hörnern! Sie dienen keineswegs nur als Schmuck, vielmehr imponiert und droht das Tier mit ihnen, indem es den Kopf senkt und bereit erscheint, seinen Gegner aufzuspießen. Meistens ist der Kampf aber nicht so ernst gemeint, und die beiden Männchen, die aufeinanderprallen, gehen nie bis zum letzten. Sie messen nur ihre Kräfte, um festzustellen, wer zäher und ausdauernder ist und wer somit Herr des Rudels sein darf. Diese Probleme betreffen die jungen Steinböcke noch nicht. Sie bleiben gern bei der Mutter – in einer Gruppe, die aus Weibchen und Jungtieren besteht. Die Kämpfe beginnen, wenn sich das junge Männchen mit anderen Geschlechtsgenossen absondert und ein eigenes Rudel bildet. Dann sind solche Rivalitäten und Gefechte oft zu beobachten. Nach ungefähr einem Dutzend Jahren legt sich aber auch dieser Kampfgeist, und die majestätischen Alttiere werden vollends zu Einzelgängern, die allein im Gebirge umherstreifen.

Der Steinadler

Jeden Tag beobachtet der Steinadler beim langsamen Kreisen in der kalten, klaren Luft die Gemsen und Steinböcke in ihrem Lebensraum. Seinen Horst hat er auf Felsvorsprüngen, weit entfernt von Wegen, auf denen der Mensch vorbeikommt. Sie sind nur fliegend zu erreichen. Stundenlang dreht der mächtige

Adler am Himmel seine Runden und hält nach Beutetieren Ausschau. Sein fast unvorstellbar scharfes Auge sieht das Murmeltier, das vor dem Eingang seines Baues Wache hält, oder die Krähe, die einige Hundert Meter unter ihm kreist. Geräuschlos und mit großer Treffsicherheit stürzt sich der Adler auf seine Beute, packt und tötet sie mit den scharfen, gekrümmten Krallen. Einmal gepackt, hat das Tier keine Möglichkeit mehr zu entkommen. Mit dem Hakenschnabel zerstückelt der Adler seine Beute, und bald bleiben nur noch Knochenreste übrig. Wenn der Adler zwei hungrige Jungtiere hat, so transportiert er seine Beute zum Nest und teilt sie erst dort auf. Die Jungadler wachsen schnell: im Alter von drei Monaten sind sie flügge und unternehmen die ersten Flüge, kehren aber immer wieder zum Nest zurück. Wenn der Herbst beginnt, fliegen sie aus und lösen sich von den Eltern. Zwei Jahre lang leben sie ohne Familie als Einzelgänger. Dann finden sie einen Partner, bauen sich ein Nest und pflanzen sich fort. Adlerpaare bleiben zeitlebens zusammen.

Das Murmeltier kennt den Steinadler und seine Art sehr gut, wie ein Blitz aus heiterem Himmel herabzuschießen. Aus diesem Grund halten immer einige Tiere zwischen den Felsen Wache. Bei Gefahr stoßen sie einen durchdringenden Pfiff aus

2

1

24

Die Welt der Murmeltiere

Lärche

Begegnung zwischen zwei Weibchen

Fichte

1200 m

Buche

Glockenblume

übelriechender Spritzer gegen Störenfriede

Witwenblume   Goldhafer

Spiele unter Murmeltieren (Boxen, Purzelbäume)

Stengelloser Enzian

Edelweiß

Zwergweide

Bergföhre oder Latsche

1800 m

Bergflockenblume

Steinbrech

Alpenrose

Kotröhren

der unterirdische Murmeltierbau

Kessel

Die Murmeltiere verbringen einen Großteil ihres Lebens unter der Erde in einem komplizierten System von Gängen und Höhlen, das sich die Tiere in den alpinen Weiden selber graben. Im Sommer kann man die Tiere oft sehen, wie sie am Eingang zum Bau auf den Hinterbeinen stehen und wachsam die Umgebung mustern (2), während ihre Gefährten spielen (1) oder sich zwischen den Felsen auf Nahrungssuche begeben (3).

3

und warnen damit ihre Genossen. Beim ersten Pfiff sind diese schon in den unterirdischen Bauten verschwunden, wo sie auch die lange, kalte Jahreszeit im Winterschlaf verbringen. Erst wenn der Schnee schmilzt und eine erste Wärme spürbar wird, wachen sie auf und wagen sich wieder ins Freie. Dann beobachten wir sie zwischen den Steinbrechpflanzen und dem gelben Alpenmohn; sie säubern ihren Bau, erneuern die Tunnel und sind vor allem damit beschäftigt, sich vorsorglich für den nächsten Winter eine Fettschicht anzufressen.

Hermelin und Alpenschneehuhn

Nicht alle Gebirgsbewohner verbringen wie das Murmeltier die kalte Jahreszeit im Winterschlaf. Einige steigen in die Täler, in die Waldregion ab, wo die Schneestürme weniger stark beißen und wo die Äste Schutz gewähren. Hier findet sich in hohlen Bäumen oder auf dem Boden leichter etwas zu fressen. Auch gibt es hier noch Tiere, die trotz Wind und Frost und vor allem trotz der Blicke der Raubtiere auf dem verschneiten Boden umherziehen. Es gibt allerdings einen Weg, den Krallen eines Greifvogels oder den Zähnen eines Raubtieres zu entkommen: Dazu müssen die Tiere auf dem Schnee unauffällig werden, sich mit einem weißen Kleid ausstatten, so daß eine Unterscheidung auf den schneebedeckten Hängen unmöglich ist. Wer sieht dann ein solchermaßen getarntes Tier? Jener kleine, flinke Säuger mit dem schneeweißen Pelz, der am Waldrand entlangläuft, ist ein Hermelin. Im Sommer trägt er ein braunes Fell und unter-

1

Alpenschneehühner,
im Winter- und Sommerkleid

Die Alpenkrähe
hat einen roten,
gebogenen Schnabel

Die Alpendohle
hat einen gelben,
geraden Schnabel

Der Alpensegler
nistet in
Felsritzen

Die Birkhähne
führen
phantasievolle
Balztänze auf

Das Männchen
des Haselhuhns
im Hochzeitskleid

Die Wasseramsel
taucht in
Bergbächen nach
Insektenlarven

Die Alpenspitzmaus
ernährt sich von
Insekten und anderen
kleinen Wirbellosen

scheidet sich dabei nicht allzusehr von dem etwas kleineren Mauswiesel. Das Hermelin ist nicht das einzige Tier, das im Winter seine Farbe verändert. Es ist in guter Gesellschaft des Schneehasen und des Alpenschneehuhns. Auch sie färben sich zu Beginn des Frühjahrs um und werden braun, mit oder ohne hellere Sprenkel.

Die Wildkatze muß sich mit diesen Problemen nicht herumschlagen. Wen hat sie in der Einsamkeit der Gebirge auch zu fürchten? Wenn Futter reichlich vorhanden ist, so wird aus der aufmerksamen, sehr verborgen lebenden Wildkatze ein ruhiges Wesen mit festen Gewohnheiten. Sie lernt dann schnell die Orte kennen, an denen Scher- und Spitzmäuse auftreten, die Bäume, die im Sommer viele Vogelnester tragen, und auch die Strünke, die gelegentlich eine fette Insektenlarve beherbergen.

Die Bergeidechse und ihre Jungen

Es reicht aber nicht aus, sich den Bauch vollzuschlagen. Die Tiere müssen auch an die Zukunft und an ihre Nachkommenschaft denken. Man kann sich leicht vorstellen, daß das Leben im Hochgebirge mit seinen plötzlichen und langandauernden Frösten für ein Jungtier noch viel schwieriger zu bewältigen ist als für seine Eltern. Für Vögel hat es keinen Zweck, mit

26

Bewohner der Berggipfel

Der Mauerläufer sucht in Felsritzen nach Insektenlarven

Das Mauswiesel macht Jagd auf Nagetiere...

... wie auf die Schermaus

Wie es oft unter den Vögeln der Fall ist, prunkt das Auerhahnmännchen (1) mit viel auffälligeren Farben als das Weibchen. In der Paarungszeit zeigt es sein Gefieder ausgiebig her und singt für einen ganzen Frauenharem. Einige Gebirgstiere wie das Hermelin (2) und der Schneehase (3) wechseln im Herbst ihre Fellfarbe. Im Winter sind sie weiß, im Sommer hingegen braun gefärbt.

der Brut zu beginnen, bevor die Gebirgsweiden nicht mit Blüten überzogen sind und von kleinen Beuteinsekten wimmeln, die sie als Futter für ihre Jungen jagen. Vielleicht ist es auch besser, weiter ins Tal abzusteigen oder nach Süden zu ziehen, wo die Eier mehr Wärme finden und wo das Nahrungsangebot größer ist. Wenn die Jungtiere groß sind und selber zwischen Lärchen und anderen Bäumen auf Nahrungssuche gehen können, ist eine Rückkehr in die unwirtlichen Regionen möglich.

Wer weit weg ziehen will, braucht jedoch Flügel. Für die kleine Bergeidechse ist die Welt ziemlich klein; während ihrer kurzen Lebenszeit lernt sie nur die Zwergsträucher der Heidelbeere, der Alpenrose und den kurzen Kräuterwuchs auf alpinen Weiden kennen. Hier lebt die Bergeidechse, und hier bringt sie auch ihre Jungen zur Welt. Doch wie sollte es möglich sein, sich in diesem strengen Klima auf dieselbe Weise fortzupflanzen, wie das die anderen Eidechsen tun? Sie überlassen der Sonne die

2

3

Aufgabe, ihre Eier auszubrüten, und lassen sie irgendwo unter Steinen oder im Boden zurück. Da ist es schon besser, sich selbst um das Ausbrüten der Eier zu kümmern. Anstatt die Eier zu legen, behält das Eidechsenweibchen sie, solange es nötig ist, im Leib zurück. Wenn die jungen Eidechsen schlüpfbereit sind, bringt die Mutter sie auf die Welt. Dann können sie auf ihren kurzen Beinchen bereits gut stehen und erobern sich auch einen freien Fleck in den alpinen Weiden. Ihre ersten Beutetiere werden Spinnen, Heuschrecken oder Raupen sein.

Der Alpensalamander

Auch der Alpensalamander hat darauf verzichtet, seine Eier abzulegen. Für ihn ist das Leben im Gebirge wohl noch härter als für eine Eidechse. Wie sollte er auch das Wasser finden, um die Eier dorthin abzulaichen – ohne Risiko, daß sie schnell austrocknen? Wie kann die Mutter auch sicher sein, daß für die lange Entwicklung der Kaulquappen immer genügend Wasser vorhanden sein wird? Die Vorfahren des Alpensalamanders lebten auf diese Weise, und noch heute tut dies der gelb- und schwarzgefleckte Feuersalamander, der in feuchten, schattigen Wäldern in der Hügelzone vorkommt. Für den Alpensalamander mit seiner rein schwarzen Färbung sind kleine Bäche und Pfützen nur eine weitentfernte Erinnerung. Nur wenn es in Strömen gießt und wenn sein Unterschlupf zum Sumpf wird, sieht und spürt er richtiges Wasser. Weil es unnütz und viel zu risikoreich ist, daß der Alpensalamander im Gebirge auf der Suche nach einem Laichplatz herumirrt, hält er die Eier in sich

Blumen und Schmetterlinge

Mohrenfalter auf einem Knöterich

Gelber Bär

1

Die Bergeidechse (1) hat sich hervorragend den strengen Umweltbedingungen des Gebirges angepaßt. Sie verzichtet darauf, Eier zu legen, wie das ihre nächsten Verwandten tun, die in viel wärmeren Gebieten leben. Vielmehr trägt sie die Eier mit sich herum und bringt kleine Eidechsen zur Welt, die sofort selbständig sind und für sich selber sorgen können. In gleicher Weise pflanzt sich auch der Alpensalamander fort.

Auf den alpinen Matten und Weiden fallen die farbenprächtigen Schmetterlinge unzähliger Arten besonders auf. Unter ihnen finden wir drei Apollofalter, von denen zwei wundervolle rote Flecken zeigen. Besonders auf Waldwiesen treffen wir den Schwarzen Apollo (2) an, dessen halbdurchsichtige Flügel elegante schwarze Flecken zeigen. Seine Raupen leben am Lerchensporn und fressen im Sonnenschein.

Am Waldrand

Steinkriecher

Buche

Alpenbock

Tausendfüßer

Alpensalamander

Alpenrose

Arnika

Glasschnecke

Flechtenbär

Sandlaufkäfer

Körniger Laufkäfer

Goldlaufkäfer

2

zurück. Die Mutter bringt eines Tages eine kleine schwarze Alpensalamanderfamilie zur Welt.

Der Alpensalamander geht bevorzugt in den Nachtstunden auf die Jagd. Dann besteht weniger Gefahr, gesehen zu werden. Gleichzeitig ist die Luft viel feuchter, was für die zarte Haut des Salamanders eine wichtige Rolle spielt. Und schließlich wagen sich während der feuchten Nächte auch ihre bevorzugten Beutetiere hinaus, vor allem die Schnecken. Langsam und saftig, wie sie sind, haben sie sehr viele Feinde. Sogar die trägen Larven der Glühwürmchen haben sich Gehäuseschnecken als Leibspeise ausersehen. Ihre ärgsten Feinde sind jedoch die Laufkäfer. Auch sie gehen nachts auf Jagd und haben tagsüber keinen festen Platz. In der Morgendämmerung verkriechen sie sich unter Steine, in irgendwelche Ritzen und Spalten und verschlafen den Tag. Die Gehäuseschnecken sind nicht sehr glücklich, wenn sie auf einen Laufkäfer treffen. Bei der ersten Annäherung ziehen sie sich entrüstet unter viel Schleimabsonderung in ihre Häuser zurück. Aber nicht einmal da sind sie vor dem Biß des Angreifers sicher. Viele Laufkäferarten haben nämlich einen langen und schlanken Kopf, mit dem sie ein gutes Stück in das Gehäuse hineingreifen können. Sie packen die Schnecke und ziehen sie heraus, auch wenn sie sich mit ihrem Schaum noch so sehr wehrt. Andere Laufkäfer machen kurzen Prozeß und nehmen den »Dosenöffner« zu Hilfe: Mit ihren scharfen Kiefern knacken sie die letzte Windung auf, bis sie an den Schneckenkörper gelangen. Auch dieses Mal hat die Schnecke keine Chance mehr.

Der Sandlaufkäfer

Während die normalen Laufkäfer nachts unterwegs sind, jagt der Sandlaufkäfer tagsüber. Auch er trägt ein farbenprächtiges, elegantes Gewand und zeigt auffällige Zeichnungen auf dem Rücken. Wir finden ihn an sonnigen und sandigen Hängen, wo seine Larven kurze Röhren in den Sand graben und darin auf kleine, vorbeiziehende Insekten lauern. In voller Sonne sitzt der Sandlaufkäfer da und ist gerade mit dem Fressen beschäftigt: zwischen den mächtigen, gezähnten Kiefern hält er eine dicke Fliege gefangen. Mit den großen aufmerksamen Augen nimmt der Käfer jede Bewegung wahr, die eine Gefahr oder ein weiteres Beutetier bedeutet. Offensichtlich hat er irgend etwas gesehen: Noch ist die Mahlzeit nicht beendet, und schon läuft er blitzschnell auf dem nackten Boden dahin – vorbei an den schütteren Grasbüscheln. Plötzlich ist der Sandlaufkäfer verschwunden: er ist aus dem Lauf aufgeflogen, ohne daß er uns Gelegenheit gab, zu zeigen, wie er die Flügel entfaltet. Und

In den weiten, stillen Bergwäldern finden die Wildkatze (2) und der Uhu (1) den idealen Lebensraum. Beide meiden den Menschen und sind inzwischen selten geworden. Häufig zu sehen ist hingegen der Mäusebussard (3). Jedes dieser Raubtiere hat seine eigene Art zu jagen, seine eigenen Waffen und seine bevorzugten Beutetiere. Die Wildkatze klettert mit Leichtigkeit auf Bäume und stellt Jungvögeln in Nestern nach. Sie stöbert auch Maulwürfe und Spitzmäuse auf. Der Uhu wartet das Dunkel der Nacht ab, um sich lautlos auf seine Beutetiere zu stürzen. Der Mäusebussard ist tagsüber unterwegs.

1

Der Fang des Greifers

2

Uhu

die Fänge
des Uhus

3

schon ist er wieder gelandet und lauert vier Meter weiter weg auf Beute. Fangen können wir ihn nicht, und wenn wir uns noch so sehr bemühen. Wäre er nur etwas größer, so könnte man mit Fug und Recht behaupten, er sei der Herrscher des ganzen Abhangs.

Da mag der Mäusebussard, der gerade über den Abhang segelt, anderer Meinung sein. Er zeigt jene aufmerksame Ruhe, die allen Greifvögeln eigen ist. Und anderer Meinung ist da sicher auch der Uhu, der zwar noch in seinem Versteck schläft, nach der Dämmerung aber mit seinen Beuteflügen beginnt. Am Flügelbug hat er Federn, die ein absolut geräuschloses, unheimliches Fliegen gestatten.

Der Auerhahn

Es ist früh am Morgen, im April. Die Luft riecht noch irgendwie nach Schnee. Ein regelmäßiges kehliges Rufen ertönt von einem Tannenast: tlack-tlack, man hat den Eindruck, als schlage jemand zwei Holzstäbe gegeneinander, und zwar immer schneller und stärker, fast wie wenn man eine Sense dengelt. Wer wird es sein? Der Auerhahn ist es, der da ruft. Auf tiefgelegenen Ästen

Fänge des Bussards

Bussard mit Beute

Luchs mit Beute

31

und auf dem Boden hören einige Weibchen dem inbrünstigen Liebesgesang des Männchens zu. Das Konzert wiederholt sich einige Tage lang. Der Solist fühlt sich immer mehr inspiriert, und das Publikum ist immer mehr hingerissen. So beginnt die Zeit der Liebe. Einige Tage später sind die Weibchen mit dem Brüten beschäftigt, jedes für sich, alles brave Familienmütter, die mit ihren Küken zunächst nur geringe Sorgen haben, denn diese folgen ihnen bald zwischen den Bäumen und Sträuchern. Die Ernährung ist allerdings nicht einfach, denn die Jungvögel sind verschleckt und fressen nur Rote Waldameisen. Der Herr Papa mit seinem prächtigen Gefieder hat zu dieser Zeit bereits wieder sein Leben als Einzelgänger aufgenommen.

Der Wolf und seine Heimat

Ganz anders der Wolf. Den größten Teil seines Abenteuerlebens verbringt er im Rudel in schattigen Gebirgswäldern, auf Tundren und mageren verschneiten Wiesen. Ein Wolf unter vielen Wölfen, stets in vollkommenem Einvernehmen mit seinen Gefährten, sei es nun, ob es darum geht, ein kräftiges schnelles Beutetier zu erlegen und schließlich gerecht zu verteilen, oder um sich gegen einen gutbewaffneten Feind zu verteidigen.

Wieviel Leben und Sterben findet Tag für Tag unbemerkt zwischen Felsen, in Gebirgstälern und unter jahrhundertealten Bäumen statt! Der Alpenbock hat als Larve mehrere Jahre in

Das Leben des Wolfes

der Erdbau

Zusammenarbeit bei der Jagd

Formen des Gesichtsausdrucks

verängstigt · angriffslustig

einem Buchenstrunk verbracht. Jetzt ist er als erwachsenes, geflügeltes Tier aus der Puppe ausgeschlüpft und spaziert auf einem Ast umher, wo er allen seine langen, knotigen Fühler und seine prächtige Zeichnung auf den Flügeldecken zeigt.

Durchlöchert von zahlreichen Insektengängen, angegriffen von parasitischen Pilzen mit ihren langen Fadengeflechten, bedeckt von dickem Moos und Flechtenschichten, widerstehen die alten Bäume dem Gewicht des Schnees auf den Ästen und den Winden, die besonders im Winter scharf und beißend blasen. Aber eines Tages schaffen sie es nicht mehr und brechen. Der dicke Stamm zeigt dann die verborgene Tätigkeit Hunderter verschiedener Insekten, die in seinem Holz gelebt haben. Damit ist aber die Geschichte des Baumes noch nicht zu Ende. Neue Legionen von Tieren finden dort Unterschlupf, neue Scharen von Larven werden sein Holz noch weiter durchlöchern. Und auch die Kreuzotter kommt und sucht Schutz und Nahrung. Es kommen auch das Mauswiesel und das Rotkehlchen, und die Moos- und Flechtenschicht wird auf der zerstückelten, nassen Rinde weiterwachsen. Ein erster Farn siedelt sich an. Langsam, im Lauf der Jahre, verschwindet der Strunk, verdaut und eingearbeitet in den Boden von unzähligen kleinen Tieren, Bakterien und Pilzen.

2

3

Ein Augenblick im Leben des Rudels: Demutsgebärde (rechts) vor dem Leittier

In allen seinen Lebensäußerungen zeigt sich der Wolf als soziales Tier. Das Leben im Rudel verlangt, daß genaue Spielregeln eingehalten werden: Disziplin bei der Jagd (1), Gehorsam dem Leittier gegenüber (2, 3) und stets eine enge Zusammenarbeit. An der Mimik und an den Bewegungen des Gesichtes kann man stets ablesen, wie dem Wolf gerade zumute ist.

Die Wälder

Ruhe und Halbdunkel herrschen in unseren Wäldern. Der Boden ist von abgefallenen Blättern, von Aststücken und weichen Moospolstern bedeckt. In der feuchten, frischen Luft entfalten Samenpflanzen ihre Wedel, und alte Baumstrünke überziehen sich mit Pilzen. Nur ganz flüchtig sehen wir Hirsche auf einer Lichtung, leise hört sich der vielstimmige Gesang der Vögel an. Nur wer Geduld hat, erkennt, daß der Wald voller Leben ist.

1 Eichhörnchen	16 Eichelhäher
2 Dachs	17 Rothirsch
3 Siebenschläfer	18 Tannenhäher
4 Tannenmeise	19 Schmalbock
5 Braunbär	20 Haselmaus
6 Kreuzotter	21 Zornnatter
7 Fichtenkreuzschnabel	22 Reh
8 Haubenmeise	23 Alpenbraunelle
9 Baummarder	24 Baumschläfer
10 Weidenmeise	25 Hirschkäfer
11 Sumpfmeise	26 Gartenschläfer
12 Iltis	27 Zimmermannsbock
13 Haufen der Roten	28 Buchdrucker
Waldameise	29 Riesenholzwespe
14 Steinmarder	30 Larve der
15 Gimpel	Riesenholzwespe

Stimmen zwischen den Bäumen

Ein schmaler Pfad führt uns ins Waldesinnere. Es riecht nach feuchter Erde und nach Pilzen. Nur wenige Lichtstrahlen finden durch die dichten Zweige den Weg auf den Boden, der von abgestorbenen Blättern bedeckt ist. Nur hier und da sehen wir Grasflecken, moosbedeckte Felsen und alte Baumstrünke. Durch die tiefhängenden Zweigen der Fichten fliegen die Meisen. Sie haben keine Angst vor uns, sondern sind neugierig und wollen wissen, wohin wir gehen. Von weitem hören wir Vogelgesang. Es ist der eintönige Ruf des Kuckucks, und von Zeit zu Zeit vernehmen wir in der Nähe die Stimme des Fichtenkreuzschnabels und des Gimpels. Wer weiß, wohin die Kuckucksmutter ihr letztes Ei abgelegt hat! Vielleicht in das Nest eines Rotkehlchens oder eines Würgers, denn der Kuckuck hat kein Nest, ist gar nicht imstande, eines zu bauen, und zieht seine Jungen nicht selbst auf. Wenn er ein für kurze Zeit verlassenes Nest mit vier oder fünf Eiern findet, legt er ein Ei dazu. Die zurückgekehrte Rotkehlchenmutter merkt nicht, daß die Eier mehr geworden sind und daß ein Ei viel größer ist. Sie betrachtet alle als ihre eigenen, auch Wärme ist für alle da, und schließlich wird sie nach dem Ausschlüpfen alle füttern können.

2

1

Waldvögel

Tannenhäher

Fichtenkreuzschnabel
mit Fichtenzapfen

Kopf des
Fichtenkreuzschnabels

Eichelhäher

Tannenmeise mit
ihren Jungen

unverwechselbare
blaue Deckfeder
des Eichelhähers

Sumpfmeise

Weiden-
meise

Gimpelpaar
beim Nest

Alpen-
braunelle

Hauben-
meise

Das wird aber nicht lange dauern: der kleine Kuckuck ist größer und frecher als die andern und erhält die ganze Nahrung, die die Mutter herbeibringt. Eines schönen Tages ist er so dick geworden, daß er das Nest allein ausfüllt; dann wirft er seine Stiefgeschwister aus dem Nest, um nun ganz allein von der Pflege seiner unglücklichen Stiefeltern profitieren zu können.

Der Specht

Der Specht ist uns sympathischer. Er ist nicht leicht zu sehen, aber der Wald hallt von seinen schnellen, rhythmischen Schnabelschlägen wider. Vom Morgengrauen an geht er auf Insektenjagd. Mit seiner langen, zugespitzten Zunge findet er sie auch in den schmalsten Rindenritzen. Mit Schnabelschlägen folgt er dem Gang der großen, fleischigen Bockkäferlarven. Unermüdlich arbeitet er bis zum Mittag. Dann ruht er sich etwas aus, nimmt aber bald die Arbeit wieder auf und fliegt bis zum späten Abend von Stamm zu Stamm. Um den Speisezettel etwas aufzulockern, sucht er auch den Boden nach Ameisen ab. Die fehlen kaum jemals im Wald, denn zu allen Tageszeiten durchstreifen ihre Kolonnen jeden Zweig und jeden Strunk. Man

4

3

Heerscharen von Insekten bevölkern die europäischen Wälder. Sie leben oft zurückgezogen im Boden, im Holz oder in Rindenritzen. Die wenigsten entgehen aber dem aufmerksamen Auge und dem kräftigen, zugespitzten Meißelschnabel des Spechtes. In Laubwäldern ist der Grünspecht (1) weitverbreitet. Wir sehen ihn hier, wie er seinen Jungen Nahrung bringt. Daß er vorwiegend Rote Waldameisen und Insekten fängt, ersehen wir aus der Form seines Schnabels. Ganz anders ernährt sich der nordamerikanische Eichelspecht (2), der hier zum Vergleich abgebildet ist. Er hackt Vorratslöcher in seinen Speicherbaum und steckt Eicheln hinein.

Ein weiterer Waldvogel ist der Kuckuck (3), dessen eintöniger, rhythmischer Gesang in der Stille des Waldes weithin zu hören ist. Das Kuckucksweibchen ist keine gute Familienmutter, denn es legt seine Eier einzeln ins Nest anderer Vögel. Die Adoptiveltern ziehen dann den Jungkuckuck (4) auf, auch wenn er viel größer als seine Stiefgeschwister, ja oft sogar größer als die Stiefeltern wird. Im Bild sehen wir ein Rotkehlchenpaar bei der Fütterung.

37

1

Larve des
Alpenbocks im
Buchenstrunk

Schmalbock
auf einer
Blütendolde

Larve des Schmalbocks

Am toten Fichtenstamm

kann sie mit Gesundheitspolizisten vergleichen, deren Augen nichts entgeht.

Niemand bemerkt, daß ein Specht mit schnellen Schnabelschlägen in einem Tag 1000 Ameisen frißt. Es leben immer noch Millionen Tiere in ihren enormen Hügelnestern, die bis über einen Meter hoch werden können und aus Fichtennadeln bestehen. Unablässig kehren Rote Waldameisen zum Nest zurück und bringen etwas Eßbares mit, zum Beispiel eine Raupe. Andere verlassen das Nest auf Futtersuche, wiederum andere führen Bauarbeiten durch und graben neue Tunnels und Höhlungen für die Eier und die heranwachsenden Larven.

Die Straßen der Ameisen

Es kommt uns merkwürdig vor, daß so emsige Insekten wie die Ameisen die Jugend als träge Larven verbringen. Sie sehen aus wie kleine, durchscheinende Würstchen, die den ganzen Tag nichts anderes tun, als herbeigeschaffte Nahrung zu vertilgen. Im Dunkel des Ameisennestes wachsen sie schnell heran und bald schließen sie sich in einen gelben, papierähnlichen Kokon ein. Dort drinnen findet eine geheimnisvolle Umwandlung statt. Aus dem weißen, eiförmigen Körper der Larve wird eine Ameise mit ihren langen Beinen, den beiden Fühlern und Kiefern, die kräftig zupacken können. Kaum ist diese Umwandlung abgeschlossen, so verläßt die Ameise den Kokon, denn im Nest gibt es immer viel zu tun, und Arbeitskräfte sind stets willkommen. Noch ist die frisch ausgeschlüpfte Ameise bleich und steht noch unsicher auf den Beinen. Doch sofort beginnt sie mit der

In den meisten Ameisennestern – mit Ausnahme der Roten Waldameise – lebt nur eine Königin. Sie legt dauernd Eier und ist von zahlreichen Arbeiterinnen umgeben, die sich selbst nicht fortpflanzen, dafür aber die Eier und Larven der Königin pflegen. Die Larven verwandeln sich in kurzer Zeit in Puppen (2) und machen darin die Verwandlung zum erwachsenen Tier durch. Einige Ameisen pflegen auch Blatt- oder Rindenläuse (1), weil sie von ihnen mit einer Art Zuckersirup versorgt werden, auf den die Ameisen scharf sind.

2

Fichten

Flechten

Haufen der
Roten Waldameise

eben
ausgeschlüpfte
Riesenholzwespe

Weibchen des
Zimmermannsbocks

Puppe in
der Wiege

Larve

Larvengänge

Muttergang

Puppe

Larve

Buchdrucker

Erwachsene

Rote Waldameisen

Arbeit, mitten unter ihren Gefährtinnen. Bald sehen wir, wie sie auf Baumstrünke klettert und dabei einer unsichtbaren Straße folgt, die andere Ameisen vor ihr »gebaut« haben, indem sie eine Duftspur hinterließen. Versuchen wir einmal, diese Spuren auszulöschen, indem wir die Rinde auf einem kurzen Stück sauber machen. Weitere Ameisen kommen an, ihr Pfad scheint unterbrochen zu sein. Wohin in aller Welt führte wohl der Pfad? Die plötzliche Unterbrechung bringt die Ameisen aus der Fassung, es scheint, als würden sie bald ins Bodenlose stürzen. Plötzlich faßt sich eine besonders Mutige ein Herz, geht voran und überquert das Stück, dessen Duftspur wir gelöscht haben. Nach wenigen Schritten findet sie den Anschluß; andere Ameisen folgen ihrem Beispiel, und in kurzer Zeit ist eine Brücke geschlagen. Neue Dufttröpfchen markieren die einstmals unterbrochene Piste.

Neben dem Wanderweg haben die Waldarbeiter einige Stämme liegen gelassen. Die Bäume scheinen schon vor einiger Zeit gefällt worden zu sein. Die Zweige sind abgeschnitten, die Rinde an einigen Stellen aufgerissen und leicht mit der Hand abzulösen. Darunter sehen wir ein dichtes Geflecht aus langen weißen, gelben oder rötlichen Fäden. Pilze haben sich hier zwischen Holz und Rinde eingenistet. Einige kleine Regenwürmer entfernen sich eilig und verstecken sich in der dünnen Schicht aus gekautem und verdautem Holz, das sich unter der Rinde anzuhäufen beginnt. Winzige graue und hellblaue Springschwänze bewegen sich schnell auf den rauhen Rindenstücken und verbergen sich in den kleinsten Spalten.

Der Buchdrucker

Ein großes Loch im Holz verrät uns, daß dort eine frisch geschlüpfte Riesenholzwespe ausgeflogen ist, nachdem sie ihre Entwicklung als Larve und Puppe vollendet hat. Weit ist sie noch nicht gekommen. Wir hören ein eigentümlich schwirrendes Summen in der Luft, und um uns herum fliegt eine schwarz- und gelbgebänderte große Wespe mit etwas bräunlichen Flügeln. Ja, das ist die Riesenholzwespe. Sie hat sich eben, nicht weit von uns, auf eine weiße Blütendolde gesetzt. Am Hinterende hat das Weibchen einen Legestachel, doch es will niemanden stechen. Mit dem Stachel legt es nur die Eier im Holz ab. Aus dem Ei schlüpft eine Larve, die im Holz lange Galerien anlegt. Die Holzwespenlarve ist aber keineswegs die einzige, die im Holz Löcher bohrt. Ein Käfer macht dies sogar mit künstlerischer Begabung, der sogenannte Buchdrucker. Dieser kleine, dunkel gefärbte Borkenkäfer ist ebenso unauffällig, wie seine

1

Das Hirschgeweih in den vier Jahreszeiten

Im April beginnt das Wachstum

Juni/Juli: das Wachstum ist beendet, das Geweih noch von Bast überzogen

Februar: das Geweih wird abgeschlagen

August/September: der Bast trocknet aus und wird abgefegt

Nur den Hirschmännchen wachsen Geweihe. Sie werden zwar von Jahr zu Jahr größer und schwerer (1, 2), doch kann man an der Zahl ihrer Enden nicht das Alter ablesen. Mit zurückgeworfenem Kopf läßt der mächtige Althirsch (4) sein Röhren, den Brunftruf, erschallen. Die Hirschkälber (3) sind mit ihrem gefleckten Kleid gut getarnt.

2

3

4

Gänge in der Rinde elegant sind. Um ehrlich zu sein, bei dieser Arbeit macht die ganze Familie mit. Das Weibchen bohrt zunächst einen langen, geraden Gang und legt dort links und rechts seine Eier ab. Bald schlüpfen die Larven aus, und jede bohrt nun in einem rechten Winkel zum Muttergang ihre eigene Straße. Mit zunehmendem Abstand vom Muttergang wird der Larvengang dicker, da die Tiere ja schließlich wachsen. Es sind brave Geschwister, die Borkenkäferlarven, denn sie stören sich nie gegenseitig. Nie kommt es vor, daß sich zwei Gänge überkreuzen. Die Larven halten Abstand voneinander, obwohl sie sich nie sehen und nie »sprechen«. Dennoch sieht das Fraßbild so aus, als hätten sie sich geeinigt. Die Mutter und ihre Kinder haben eine elegante Zeichnung eingeschnitten, aus der man mit etwas Tusche wohl einen schönen Holzschnitt drucken könnte!

Begegnung mit dem Hirsch

In der Zwischenzeit hellt sich das Dunkel zwischen den Bäumen auf. Immer mehr Licht gelangt auf den Waldboden, hier wachsen mehr Gräser und Kräuter. Schließlich führt uns der Weg auf eine weite, sonnige Lichtung, auf der man oft Hirsche beobachten kann; mächtige Männchen mit ihrem verzweigten Geweih, zierlichere, geweihlose Weibchen und schließlich auch weißgefleckte Jungtiere, die noch nicht sicher auf den Beinen stehen. Mutter und Kinder bleiben den ganzen Winter zusammen, doch im Frühjahr sind die Junghirsche herangewachsen und gehen eigene Wege. Den Männchen wächst dann das Geweih: Im ersten Jahr sind es einfache, gerade, unverzweigte Stangen. Später verzweigen sie sich und werden immer größer, schwerer und schöner. Doch jedes Jahr, im Winter, fällt das Geweih ab, um dem nächsten Platz zu machen.

Wo werden die Hirsche heute sein? Versteckt zwischen Bäumen, weitab vom Menschen, in einem Gebiet, in dem vielleicht noch eine Braunbärenfamilie lebt. Am Fuße alter Bäume oder im Gewirr moosbewachsener Felsen haben diese nunmehr seltenen Tiere ihre Verstecke, in denen sie auch den Winter verbringen. Doch wenn das Frühjahr in der Luft liegt, werden die Bären unruhig. Sie streifen durch die Wälder und suchen die Nester von Wildbienen, um ihnen Honig zu stehlen. Dann gehen sie zum Bach hinunter und fangen mit ihren Pranken Fische oder suchen Beeren, und wenn sie noch Hunger haben, gehen sie bis zum Dorf, zu den Obstgärten.

Die Kreuzotter

Wirklich Angst vor dem Bären, seinem mächtigen Körper, seinen Zähnen und vor allem seinen kräftigen Krallen, mit denen er ganze Baumrinden abreißt, müssen wir heute – leider – nicht mehr haben. In Europa kommt er nur noch in den Wäldern Jugoslawiens vor – und auch dort begegnet man ihm

2

1

Die Welt des Fuchses

Rotfuchs

Der Iltis wehrt sich bei Gefahr, indem er ein übelriechendes Sekret verspritzt

Dachs vor seinem Bau

42

Der Steinmarder hat ein Kreuzschnabelnest gefunden

Das Eichhörnchen rettet sich, indem es von Ast zu Ast springt

Der Baummarder verfolgt ein Eichhörnchen

3

selten. Die Kreuzotter hingegen jagt uns allen Angst ein, auch wenn die meisten sie bisher nur in einer Abbildung gesehen haben. Es besteht eine alte Feindschaft zwischen der Schlange und dem Menschen, auch wenn die Schlangen in den meisten Fällen harmlos und ruhig sind und niemandem etwas zuleide tun. Ganz ungefährlich ist die Kreuzotter allerdings nicht, auch wenn sie zurückgezogener lebt als viele andere europäische Schlangen. Es käme einer Kreuzotter niemals in den Sinn, sich auf einen Spaziergänger zu stürzen, einfach, um ihn zu beißen. Wenn sie angreift, dann tut sie das immer nur, wenn sie sich bedroht fühlt, weil ein Wanderer oder Pilzsammler auf sie tritt oder sie aufstöbert. Im Sommer legt sie sich gerne in die Sonne, um sich aufzuwärmen. Auf Beutefang geht sie jedoch meist nachts. Weil sie vorwiegend Mäuse frißt, ist sie sogar sehr nützlich. Blitzschnell beißt sie zu und spritzt ihr tödliches Gift ein. Dann verschlingt sie ihre Beutetiere ganz und in aller Ruhe. Auch zum Verdauen läßt sie sich viel Zeit.
Die Kreuzotter entfernt sich nie weit von ihrem Unterschlupf, und ihr Leben würde völlig ruhig verlaufen, würde sie nicht dauernd vom Menschen verfolgt.

Bären sind in den Wäldern Europas sehr selten geworden, obwohl diese Tiere sehr anpassungsfähig sind. Sie kommen im Schnee (1) und im Wasser (2) zurecht und können auch auf Bäume klettern. Auch was die Ernährung anbelangt, so sind sie nicht heikel, sondern fressen alles, Früchte, Eier, kleine Tiere, auch Insekten. Für den Honig wilder Bienen zeigen sie allerdings eine besondere Schwäche.

Ein immer noch häufig vorkommendes Tier in fast allen europäischen Wäldern ist der Fuchs (3), obwohl man ihm tagsüber kaum jemals begegnet, denn er verschläft den Tag in seinem Bau. Erst mit der Dämmerung geht er auf Jagd und wagt sich sogar mitten in die Dörfer vor. Wie der Bär ist auch der Fuchs kein heikler Kostgänger: er frißt, was er gerade findet. Wie wir schon aus einer antiken Fabel wissen, geht er auch gern an süße Trauben.

Der luftige Lebensraum des Siebenschläfers

Während wir mit unserem Spaziergang fortfahren, fällt der Weg langsam ab und führt uns in tiefere Lagen. Wir befinden uns nun in einem dichten Buchenwald: die glatten, silberglänzenden Stämme erinnern uns an eine gotische Kathedrale. Hier sind der Siebenschläfer und das Eichhörnchen zu Hause. Kennt ihr ihn, den Siebenschläfer? Er schläft viel, wie der Name sagt, aber wenn er wach ist, zeigt er sich als lebhaftes, elegantes und drolliges Tier. Sein Fell ist auf dem Rücken aschgrau, auf dem Bauch fast weiß. Seine Augen schauen lebhaft in die Welt, er hat einen schönen langen Schnurrbart und einen langen und dicken Schwanz, den er gerne um Äste wickelt. Sein Nest befindet sich auf Zweigen, fast wie bei einem Vogel. Darin verschläft er den ganzen Tag, und erst in der Abenddämmerung wagt er sich hinaus und geht auf Nahrungssuche. Nadelholzzapfen sind in dieser Jahreszeit keine mehr zu finden. Dafür bietet der Wald viele saftige Beeren, die ersten Haselnüsse, auch noch Vogelnester, die der Siebenschläfer gerne ausräumt; und mit Insekten oder Gehäuseschnecken reichert er seinen Speiseplan an. An Appetit fehlt es ihm nicht: Im September ist er nach vielen durchfressenen Nächten schön feist geworden und nunmehr imstande, den Winter zu überstehen. Er wartet nicht, bis es schneit. Schon bei den ersten Kälteeinbrüchen zieht er sich in

1

44

Der Wald im Winter

Siebenschläfer

Haselmaus

Larve des Hirschkäfers

Baumschläfer

Schmetterlingspuppe

Dachs

2 3

Haselmäuse (1) und Siebenschläfer halten einen über sieben Monate langen Winterschlaf. Während der warmen Jahreszeit sind sie jedoch sehr lebhaft, wenn sie auf Nahrungssuche gehen. Beeindruckend wie mittelalterliche Ritter sind die Hirschkäfer, deren Männchen im Sommer spektakuläre Kämpfe mit ihren Kiefern (2, 3) durchführen.

Braunbär

Gartenschläfer

sein Nest zurück, rollt sich zusammen und deckt sich mit seinem Schwanz zu. Im Oktober ist er schon im Winterschlaf; niemand kann ihm mehr aufwecken, bis zu den ersten wirklich warmen Frühlingstagen.

Die Spaziergänge des Eichhörnchens

Der Siebenschläfer ist im Winter in guter Gesellschaft: den Winterschlaf kennen auch der Igel, die Haselmaus und alle Fledermäuse. Das Eichhörnchen aber, das mit dem Siebenschläfer verwandt ist und wie dieser auf Bäumen lebt, zieht sich zwar in sein Nest zurück, kennt aber keinen Winterschlaf. Wenn kein Wind weht oder wenn die Sonne scheint, kommt es aus seinem Nest, dem Kobel, heraus und geht auf Nahrungssuche. Es findet immer etwas, denn während der warmen Jahreszeit hat es sich da und dort ein Vorratslager aus Kernen und Haselnüssen angelegt. Es versteckt seine Schätze so gut, daß es sie bisweilen nicht mehr findet... Jetzt aber, im Sommer, macht das Eichhörnchen täglich zwei lange Spaziergänge. Den ersten frühmorgens, wenn es im Wald noch kühl und feucht ist, den zweiten gegen Abend, immer vorausgesetzt, daß es nichts anderes zu tun hat: Für den Bau eines Nestes beispielsweise braucht es drei bis vier Tage; oft begnügt es sich jedoch mit einem verlassenen Krähennest, das es etwas herrichtet.

45

Dachs und Fuchs

Für ein felltragendes Säugetier wie das Eichhörnchen und den Siebenschläfer erscheint ein luftiges Nest hoch oben in den Zweigen ziemlich außergewöhnlich, denn fast alle anderen Säuger verstecken sich am oder im Boden oder in hohlen Bäumen. Der Bau des Dachses führt weit in die Tiefe, denn er kann mit seinen Klauen sehr gut graben. Sonst ist er gutmütig, aufmerksam und vorsichtig. Sein Wohnraum, der Kessel, liegt oft 10 Meter weit vom Ausgang entfernt und ist nur durch zahlreiche dunkle Gänge zu erreichen. Tagsüber begegnen wir dem Dachs nie, denn er kommt erst nach Sonnenuntergang aus seinem Bau. Dann sucht er Pilze und Himbeeren, Ameisen und Frösche, Schnecken und Wurzeln. Oft geht er auch auf Äcker, in Gärten oder Weinberge. Er braucht vor niemandem Angst zu haben, weder vor dem Hund, der den Garten seines Herrn verteidigt, noch vor dem Fuchs, der ihm den Bau wegzunehmen versucht. Aber der Dachs greift niemals als erster an, und mit dem Fuchs teilt er sogar gelegentlich seinen labyrinthartigen Bau, den er mit soviel Mühe gegraben hat.

Auch der Fuchs verläßt seinen Unterschlupf erst in der Nacht. Überraschend taucht er in Dörfern auf und sucht auch einmal Hühnerställe heim. Sonst frißt er vorwiegend Mäuse. Wie der Dachs ist auch der Fuchs ein Einzelgänger, sofern die Mutter nicht auf Junge aufpassen muß. Nur im Winter tun sich mehrere Füchse zusammen, weil es leichter ist, gemeinsam auf Nahrungssuche zu gehen.

In den ersten zwei Monaten hat das Rehkitz ein geflecktes Fell und noch kein Geweih

männliches Jungreh im ersten Jahr

Das Geweih des Rehes

dreijähriger Rehbock

1

2

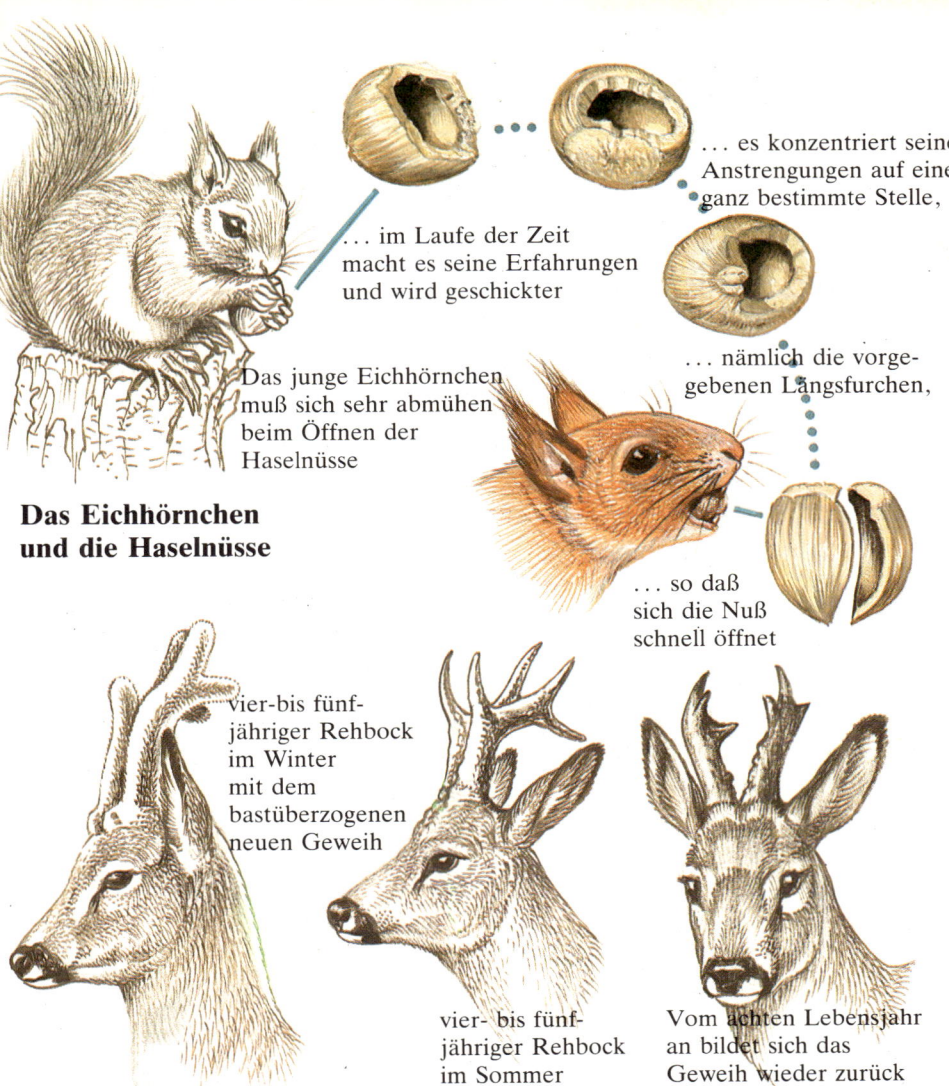

... es konzentriert seine Anstrengungen auf eine ganz bestimmte Stelle,

... im Laufe der Zeit macht es seine Erfahrungen und wird geschickter

... nämlich die vorgegebenen Längsfurchen,

Das junge Eichhörnchen muß sich sehr abmühen beim Öffnen der Haselnüsse

Das Eichhörnchen und die Haselnüsse

... so daß sich die Nuß schnell öffnet

vier- bis fünfjähriger Rehbock im Winter mit dem bastüberzogenen neuen Geweih

vier- bis fünfjähriger Rehbock im Sommer

Vom achten Lebensjahr an bildet sich das Geweih wieder zurück

3

Tausende von Lebewesen im Boden

Auf unserem Spaziergang durch den Wald gehen wir gerade über eine dicke Laubschicht. Unzählige Kleintiere sind unablässig damit beschäftigt, diese Blätter zu fressen, zu zerkleinern und zu verdauen, so daß schließlich fruchtbarer Humus daraus entsteht. Sogar die Pilze helfen bei dieser Arbeit. Ohne Regenwürmer geht es auch nicht, denn sie vermischen all die Blattreste wieder mit dem Boden. Hier finden wir auch die winzigen Hornmilben, trutzig gepanzert wie mittelalterliche Ritter, aber so klein wie Stecknadelköpfe. Hier ist auch das Reich der Springschwänze, die wie Stabhochspringer mit einer Astgabel hüpfen. Auf die machen Spinnen Jagd, die keine Netze bauen, sondern wie Vagabunden umherziehen. Besonders gefürchtet sind auch die Hundertfüßer mit ihrem giftigen Biß.
Aber auch die Spinne und der Hundertfüßer leben immer in der Gefahr, von einem Vogel aufgepickt und als Futter zu den Jungen gebracht zu werden. Und diese Vögel werden vielleicht eines Tages dem Fuchs zum Opfer fallen. Kein Tier ist im Wald jemals allein. Im Halbdunkel sind Tausende aufmerksamer Augen offen, immer auf der Suche, etwas erhaschen zu können.

Zu den elegantesten und unauffälligsten Tieren des Waldes gehört das Reh (1, 2). Weil es sehr scheu und zurückhaltend ist, sind direkte Begegnungen in kurzer Entfernung ziemlich selten. Wie beim Hirsch trägt nur der Bock ein Geweih. Es bleibt aber selbst beim erwachsenen Männchen verhältnismäßig klein und hat insgesamt nur sechs Enden. Die Rehe ernähren sich vor allem von Knospen, frischen Blättern und Trieben. Ein sehr lebhafter Bewohner des Laub- und Nadelwaldes ist das Eichhörnchen (3), das sich mit akrobatischer Wendigkeit im Geäst bewegt und an Baumstämmen hinauf und hinunter klettert. Beim Sprung von Ast zu Ast bewegt sich der lange, dichte Schwanz elegant mit und bildet eine Art Fallschirm. Das Eichhörnchen frißt mit Vorliebe Haselnüsse. Innerhalb kurzer Zeit lernt das Jungtier, wie man sie am geschicktesten öffnet. Wenn sich die Gelegenheit gibt, frißt das Eichhörnchen auch Eier und Jungvögel.

47

Wiesen und Weiden

Vor unvorstellbar langer Zeit gab es auf der Erde noch keine Blütenpflanzen. Und auch Schmetterlinge, Marienkäfer, Bienen und Wespen flogen noch nicht herum. Vor 100 Millionen Jahren erschienen die ersten Blütenpflanzen, und bald darauf entwickelten sich auch die vielen farbenprächtigen Insekten. Wenn sich die Wiesen und Weiden jedes Jahr mit Blüten überziehen, kommen auch die Wespen und Bienen, die Schmetterlinge und Fliegen wieder hervor, fliegen von Blüte zu Blüte, sammeln Pollen und Nektar.

1 Florfliege
2 Kuckuckspeichel mit Schaumzikade
3 Grünes Heupferd
4 Marienkäferchen
5 Blattläuse
6 Maulwurf
7 Tagpfauenauge
8 Feldlerche
9 Maulwurfsgrille
10 Nebelkrähe
11 Hummel
12 Saatkrähe
13 Rauchschwalbe
14 Schwalbenschwanz
15 Haubenlerche
16 Dohle
17 Wespe
18 Dickkopffalter
19 Regenwurm
20 Schleiereule
21 Wiedehopf
22 Bläuling
23 Schlupfwespe
24 Waldkauz
25 Maikäfer

1

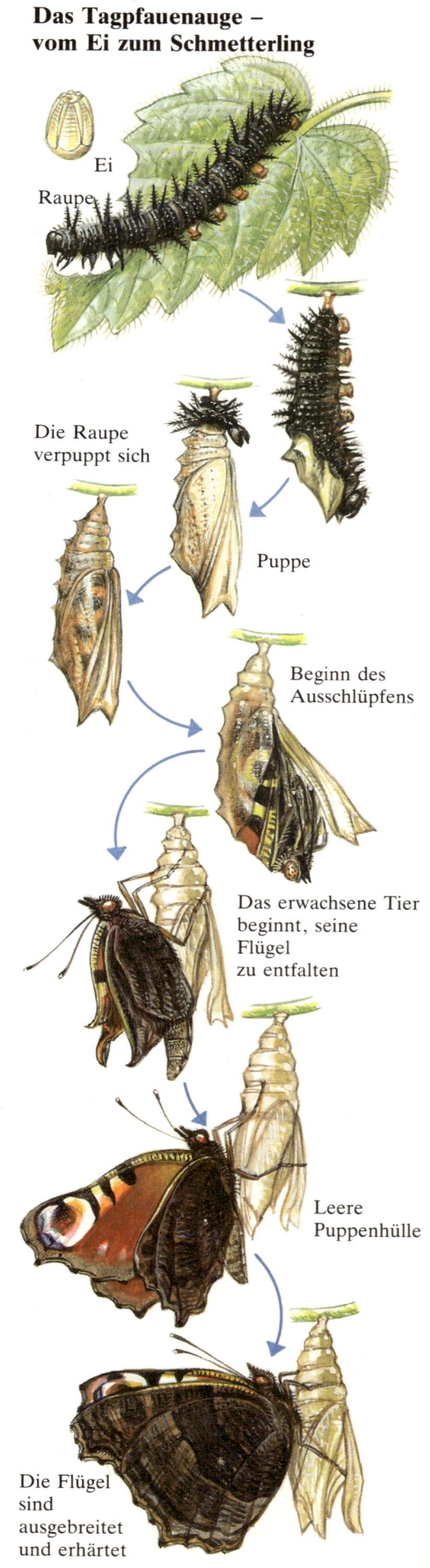

Ei

Raupe

Die Raupe verpuppt sich

Puppe

Beginn des Ausschlüpfens

Das erwachsene Tier beginnt, seine Flügel zu entfalten

Leere Puppenhülle

Die Flügel sind ausgebreitet und erhärtet

Geflügelte Lebewesen

Der Zitronenfalter ist einer der ersten Schmetterlinge im Jahr, der in Gärten und Wiesen erscheint. Er zeigt sich in den ersten lauen Tagen, wenn die Wiesen wieder grün werden und die ersten Blüten erscheinen. Den ganzen Winter hat der Zitronenfalter geschützt in einem hohlen Baum verbracht, nachdem er im Herbst geschlüpft war und seine gelben Flügel kurz ausprobiert hatte. Jetzt ist er der Herr der Wiesen, denn die anderen Schmetterlinge schlafen noch, unbeweglich wie Mumien, sei es als Puppen oder noch als Raupen.

Jede Insektenart hat ihren eigenen Kalender, nicht nur der Zitronenfalter. Ungefähr zwei Monate später, wenn der Klee, der Mohn und die Glockenblumen blühen, kommen die Rosenkäfer und die Maikäfer heraus. Die Rosenkäfer halten sich mit Vorliebe auf Holunderdolden oder in Heckenrosenblüten auf, während die Maikäfer sich mit ihrem schweren, brummenden Flug auf Bäumen am Waldrand niederlassen und sich den Bauch mit Blättern vollschlagen. Lange wird dieses Fest ohnehin nicht dauern, denn nach drei oder vier Wochen ist auch der letzte

Maikäfer verschwunden. Zuvor legen sie aber ihre Eier in den Boden ab. Daraus schlüpfen große, weiße, ungefähr c-förmig gekrümmte Larven, die Engerlinge – bizarre Würstchen mit kurzen Beinen. Drei Jahre verbringen sie im Boden, nagen langsam und friedlich an saftigen Pflanzenwurzeln und verwandeln sich dann in unbewegliche Puppen. Nach einem langen Schlaf gehen daraus die geflügelten Maikäfer hervor. Im Mai verlassen sie den Boden und genießen ihrerseits eine kurze Zeit, in der sie fressen, herumfliegen und sich fortpflanzen.

Die Schaumzikade

Wenn die Maikäfer auf den Hecken und Wiesen verschwinden, gegen den Frühsommer zu, bedecken sich Gräser und Kräuter innerhalb weniger Tage mit kleinen, auffallend weißen Schaumtropfen.

Wer hat soviel Schaum auf die Wiese gespuckt? Wir müssen nicht weit suchen: Der Schuldige sitzt nämlich im Schaum drin. Dort lebt er, geschützt vor der Sonne und vor neugierigen Blicken vorbeiziehender Ameisen. Es handelt sich um eine winzige Zikade. Sie singt nicht, hat aber einen kurzen, kräftigen und zugespitzten Rüssel, den sie in Pflanzen einsticht, um deren Saft zu saugen. Und der Kuckuckspeichel, mit dem sie sich umgibt, ist halbverdauter, mit Luftblasen angereicherter Pflanzensaft, eine Art Schlagsahne. Im Kuckuckspeichel drin sitzt zunächst die noch ungeflügelte Larve. Im Verlauf des Sommers wachsen auch ihr Flügel, und sie verläßt dann ihr Schaumnest. Anstatt zu fliegen, hüpft sie aber lieber wie ein großer Floh zwischen den Pflanzen herum.

3

Die Schmetterlinge, die unablässig Blüte um Blüte besuchen, sind die auffälligsten Tiere auf Wiesen und Weiden. Besonders häufig sind die Edelfalter, etwa der Kleine Fuchs oder das Tagpfauenauge (1), das seinen Namen von den vier bunten, leuchtenden Flecken auf den Flügeln hat. Sie sind allerdings nur bei geöffneten Flügeln erkennbar; die Flügelunterseite ist düster gefärbt, dunkelbraun mit zahlreichen schwarzen Strichelchen. Leider nicht mehr sehr häufig ist bei uns der Schwalbenschwanz (3) mit seinem eleganten schwarzgelben Kleid und den charakteristischen Frackschößen am Ende der Hinterflügel. Leicht zu erkennen an ihrem schwirrenden Flug sind die Dickkopffalter (2), die besonders gerne Disteln besuchen.

2

Das Ende einer Kohlweißlingsraupe

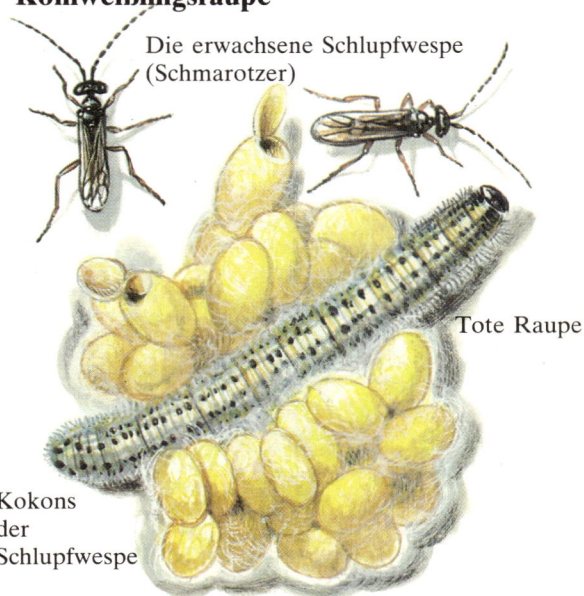

Die erwachsene Schlupfwespe (Schmarotzer)

Tote Raupe

Kokons der Schlupfwespe

1

Maikäfer

Marienkäfer-larve

Florfliege

Blatt-läuse

Larve der Schaumzikade

Erwachsene Schaumzikade

Marien-käfer

Kleine Wiesenbewohner

Engerling

Eben ausge-schlüpfter Maikäfer

Puppe

Bienen und Hummeln

Fast jeden Tag ändert die Wiese ihr Aussehen; jetzt ist sie ganz von gelben, weißen, rosa- und purpurfarbenen Flecken übersät. Wir befinden uns in der Jahreszeit, in der Margeriten, wilde Möhren und Disteln blühen. Der Zitronenfalter ist längst verschwunden oder fällt nicht mehr auf. Wir sehen dafür Weißlinge mit ihren schwarzgefleckten Flügeln, metallisch schimmernde Bläulinge, lebhafte gelbe oder fuchsrote Dickkopffalter mit ihrem dicken, pelzigen Körper; im Unterschied zu den übrigen Schmetterlingen können sie ihre Flügel nicht völlig aufklappen, wenn sie auf einer Blüte ruhen. Viele Schmetterlingsarten haben Lieblingsblüten, die sie besonders gern besuchen; sie erkennen sie an der Farbe oder am Geruch. Jedenfalls wissen sie genau, in welchen Blütenkelchen ein Tröpfchen zuckerhaltigen Nektars zu finden ist. Sie entrollen ihren langen, biegsamen Rüssel und saugen den süßen Saft auf. Auch die Bienen wissen das genau, die von frühmorgens bis spät von Blüte zu Blüte eilen, mit einem Eifer, der Schmetterlingen fremd ist. Das ist aber nur verständlich. Schließlich muß jeder Schmetterling nur an sich selbst denken, während die Bienen im Stock viele Mäuler zu stopfen haben, eine Königin und unzählige Schwestern, die teilweise noch als Larven in ihren Zellen heranwachsen.

Möglicherweise ist nicht einmal die Biene, sondern die Hummel

Die Wespen (1) erfreuen sich im Gegensatz zu den Bienen keines guten Rufes, obwohl sie mit ihnen verwandt sind. Sie bringen weder Honig noch Wachs hervor, sind aber immer bereit, schmerzhaft zuzustechen. Ihr auffallendes, schwarz und gelb gebändertes Kleid ist eine Warnung an alle: Laßt mich in Ruhe, sonst brauche ich meinen Stachel! Dennoch sind Wespen fleißige Insekten, die in geordneten Staaten ähnlich wie die Bienen leben. Ihre Nester hängen sie an geschützten Stellen auf. Sie bestehen aus einer Art Papier, das die Tiere selber zubereiten, indem sie Holz- und Pflanzenfasern fein zerkauen.

52

das fleißigste Wesen auf der Wiese. Die Hummeln sind mit den Honigbienen verwandt: groß, schwarz und pelzig, mit weißen oder gelben Streifen und gelegentlich roten Flecken. Sie stehen von der frühesten Dämmerung bis spät abends in einem Wettkampf mit der Zeit. Wie verzweifelt fliegen sie von Klee zu Klee, kontrollieren systematisch die weißen oder roten Blüten der Taubnessel, sind auch an den Salbeipflanzen und am Thymian zu finden. Ihr Nest liegt unter der Erde und ist viel bescheidener als bei den Honigbienen, obwohl es im Aufbau nicht unähnlich ist. Den Hummeln fehlt aber die perfekte Organisation und die große Anzahl an Arbeiterinnen. Die ersten Hummeln, denen wir im Frühjahr auf Wiesen begegnen, sind bedauernswerte Königinnen. Sie regieren noch kein Volk; es sind Familienmütter, die alles selber machen müssen: Sie bauen das Nest, legen die Eier und gehen auf Nahrungssuche – Tag für Tag, bis ihre ersten Töchter ausgeschlüpft und nun der Mutter bei der Nahrungssuche und bei der Brutpflege behilflich sind. Die unheimliche Anstrengung der vergangenen Wochen hat der Königin aber schwer zugesetzt. Die ausgefransten Flügel halten sie nur noch schlecht in der Luft, doch noch einmal fliegt sie aus. Sie schafft es nicht mehr, fällt zu Boden, versucht es wieder, fällt wieder zu Boden, zum letzten Mal. Ihre Beine zucken noch, dann ist sie verbraucht. Ihre Kinder führen ihr Werk weiter.

3

Maulwurfsgrille in ihrem Nest

Larvenzellen

Honigzellen

Regenwurm

Eigelege

Hummel

Kokons mit Puppen

2

Jede Bienenarbeiterin verbringt einen großen Teil ihres kurzen Lebens damit, Nektar und Pollen für die ganze Gemeinschaft zu sammeln (2) und unablässig zwischen Futterquelle und Stock hin- und herzufliegen. Viel ruhiger verläuft das Leben zahlreicher anderer Insekten, z. B. des Grünen Heupferds (3), das sich nicht so sehr von Blättern, sondern vielmehr von lebenden Beutetieren ernährt. Das lange Schwert, das das Weibchen am Ende des Hinterleibs trägt, dient der Eiablage, die normalerweise im Spätsommer stattfindet.

53

Leben im Untergrund

In der Erde, wo die Hummel ihr verborgenes Nest hat, lebt auch der Regenwurm. An die Erdoberfläche kommt er selten, meistens nur dann, wenn es heftig regnet und wenn sich die Poren der Erde wie die eines Schwammes mit Wasser füllen. Zieht sich dieses zurück, so begibt er sich wieder in die Erde und hinterläßt als Beweis seines Auftauchens ein Häufchen feinster Erde. Es handelt sich um den Kot des Regenwurmes, um eine Art feingesiebter Erde. Denn der Wurm frißt sich buchstäblich durch den Boden, nimmt Erde, Blätter, Sand und Wurzelstückchen in sich auf. Diese Mischung ist nicht sehr nahrhaft, deswegen muß er auch soviel fressen, um zu den benötigten Nährstoffen zu kommen.

Auch andere Tiere graben im Boden, doch stellen sie viel höhere Ansprüche. Da haben wir den Maulwurf mit seinem bleigrauen, dichten und feinen Fell und der zugespitzten Schnauze. Seine Augen sind so stark zurückgebildet, daß wir sie zwischen den Fellhaaren kaum erkennen. Die Vorderbeine sind kräftig, breit und zu Grabschaufeln umgewandelt, genau das, was der Maulwurf braucht. Er ist ein Räuber, der nur lebende Beute frißt. Immer wieder patrouilliert er seine langen, unterirdischen Gänge ab, in der Hoffnung, auf einen Regenwurm zu stoßen, auf Käfer, Larven, Tausendfüßer und Spinnen. Bisweilen verläßt er nachts seinen Bau und jagt auf der Erdoberfläche. Hier fängt er gelegentlich auch mal einen kleinen Vogel oder einen Frosch. Bei der Morgendämmerung ist er aber längst wieder verschwunden.

Die Maulwurfsgrille hat ihren Namen nicht von ungefähr, denn

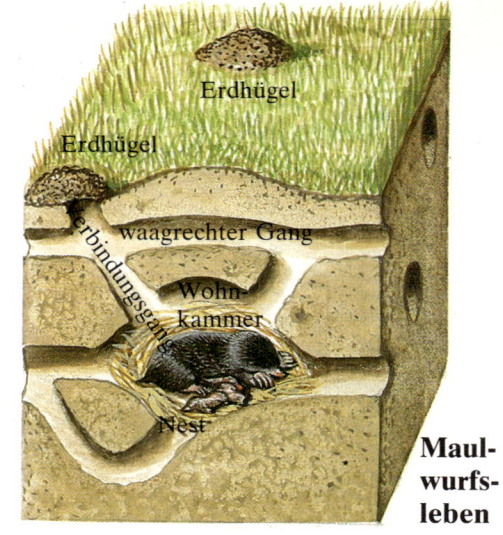

Erdhügel
Erdhügel
Verbindungsgang
waagrechter Gang
Wohnkammer
Nest

Maulwurfsleben

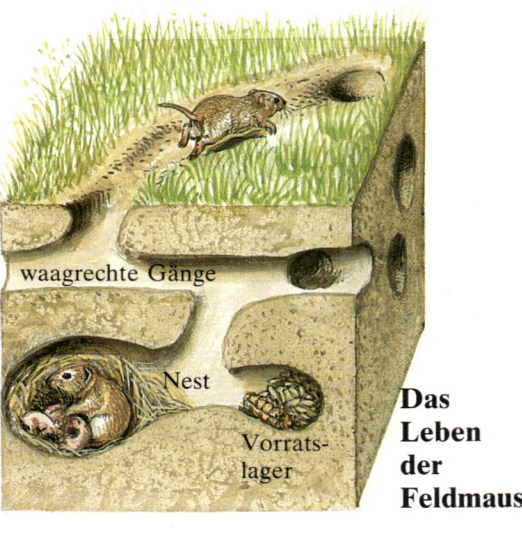

waagrechte Gänge
Nest
Vorratslager

Das Leben der Feldmaus

1

Der Maulwurf (1) zeigt besonders schön die unterschiedlichsten Anpassungen an die unterirdische, grabende Lebensweise. Die Vorderbeine sind zu kräftigen flachen Grabschaufeln mit langen, dolchartigen Krallen umgewandelt. Die winzigen Augen können wir kaum sehen, wie wir es von einem Tier erwarten, das in völliger Dunkelheit lebt und nur nachts gelegentlich auf der Erdoberfläche zu sehen ist. Der Maulwurf nimmt gerade soviel Licht wahr, daß er weiß, wohin er sich wenden muß, um wieder in die völlige Dunkelheit zu gelangen. Die spitze Schnauze wirkt beim Graben wie ein Keil. In den langen Gängen seines Baues sucht er seine Nahrung, ausschließlich Regenwürmer, Insekten und Spinnen. Es trifft zwar zu, daß er hier und da Wurzeln abbricht, aber nicht, um sie zu fressen, sondern um weitergraben zu können. Baumwurzeln zwingen ihn allerdings oft dazu, stark verwundene Gänge anzulegen.

auch ihre Vorderbeine sind zu Grabschaufeln verbreitert. Fell hat sie keins, und wenn man genau hinsieht, merkt man, daß es sich um eine Heuschreckenart handeln muß. Wie bei allen Insekten sind sechs Vorderbeine vorhanden. Auch die Maulwurfsgrille frißt gerne Regenwürmer, lockert ihren Speiseplan aber gerne mit Wurzeln und Keimlingen auf.

Auf der Wiese ist die Nacht herangebrochen. Viele Blüten schließen sich, wenn die Sonne unter den Horizont sinkt. Das Kleeblatt ist zusammengeklappt, als wollte es noch etwas Tageswärme bewahren. Ungeachtet der Dunkelheit laufen Ameisen auf der Oberfläche und steigen auf Pflanzen zu ihren Freunden, den Blattläusen. Sie pflegen und hätscheln sie, bis diese aus ihrem Hinterleib einen Tropfen Zuckersaft abgeben, auf den die Ameisen so versessen sind.

Tagsüber schläft er, wird er erkannt, so schimpfen ihn die Vögel an

Das Leben des Waldkauzes

... nachts geht er auf Jagd

2

3

Die Schleiereule (2) ist einer der elegantesten Nachtgreifvögel. Im Dunkeln fliegt sie auf Nahrungssuche absolut geräuschlos umher. Ihr Nest hat sie in hohlen Bäumen, meist aber in Glockentürmen, Burgruinen oder im Dachgeschoß eines Bauernhauses. Die Nähe zum Menschen stört diesen Vogel also nicht. Mit ihren scharfen Fängen packt die Schleiereule die Feldmaus, die sich verstohlen zwischen den Grashalmen der Wiese bewegt. Mit der Beute im Schnabel (3) kehrt die Schleiereule zum Nest zurück, um ihren Jungtieren Futter zu bringen. Kein Wehklagen und kein Geräusch läßt auf den heimlichen Räuber schließen. Den lautlosen Flug verdankt die Schleiereule der weichen, flaumigen Kante der ersten Handschwinge, die die Bildung von Luftwirbeln und damit von Fluggeräuschen verhindert.

Bei Einbruch der Dunkelheit werden auch die Feldmäuse aktiv. Aus der Luft droht ihnen jedoch eine Gefahr. In geräuschlosem, sicherem und ruhigem Flug zieht eine Schleiereule über der Wiese ihre Kreise. Den ganzen Tag hat sie im halbzerfallenen Glockenstuhl der nahegelegenen Kirche verbracht. Dort befinden sich auch ihr Nest und ihre Jungen. Jetzt sehen wir sie in niedrigem Flug über die Wiese daherschweben, woher wir nur das Zirpen der Grillen und Heuschrecken hören. Mit untrüglichem Auge entdeckt die Schleiereule die kleine Maus und hat sie schon gepackt. Sie tötet sie mit ihren dolchartigen Fängen und trägt sie weg als Futter für ihre Jungen.
Während so der Tod lautlos über die Mäuse hereinbricht, feiern die Grillen und Glühwürmchen Hochzeit. An warmen, feuchten Nächten fliegen die Männchen knapp über dem Boden dahin und geben mit ihrer Laterne Lichtzeichen. Die Weibchen warten zwischen dem Gras auf dem Boden, denn sie haben keine Flügel und können somit nicht fliegen. Doch auch sie blinken mit ihrem Leuchtorgan und signalisieren damit: hier bin ich. So findet das Männchen schnell sein Weibchen, und beide knipsen ihre Laterne aus.

Ein neuer Tag

Allmählich wird der Himmel heller. Es ist Morgendämmerung. Die Wiese ist von funkelndem Tau bedeckt und scheint noch zu schlafen. Hoch in der Luft fliegen schon die Schwalben. Ihr Flug gleicht einem Tänzeln, und irgendwie hat man das Gefühl, daß es ihnen Spaß macht. Doch der Spaß ist auch Ernst, denn sie sind auf der Jagd und fangen fliegende Insekten, da eine Mücke, hier

1

56

Rauchschwalben auf Insektenfang

Der Flug der Feldlerche

Das Nest der Feldlerche

An das Laufen angepaßte Beinform

2

3

Viele Vögel, die auf Wiesen und Weiden vorkommen, leben sehr zurückgezogen und sind hervorragend getarnt, schließlich können sie sich nicht wie Waldvögel in einem Unterschlupf verstecken. Nur im Frühling und im Frühsommer lassen sie ihren Ruf hören, allen voran die Lerche. Nur die Saatkrähen (1), die Dohlen, die Rabenkrähen (2) und die Elstern sind lärmige Vögel, die sich nicht zu verbergen brauchen. Viel zurückhaltender verhält sich der bei uns seltene Wiedehopf (3), den man an seiner auffallenden Federhaube auf dem Kopf sofort erkennen kann.

einen winzigen Schmetterling. Inzwischen sucht die Lerche auf dem Boden Spinnen und Grillen, und auch die Krähe schlägt sich mit Regenwürmern und Schnecken den Bauch voll.

Sogar das Marienkäferchen befindet sich auf der Jagd. Es steigt auf einem dünnen Grashalm empor. Gerade eben hat es seine Kiefer in eine dicke, grüne Blattlaus geschlagen, die voll von Zuckersaft ist. Bevor das Marienkäferchen wegfliegt, wird es noch einige Blattlauskollegen verzehren. Das tut es schon, seitdem es als Larve auf die Welt gekommen ist. Damals hatte es einen orange- und schwarzgefleckten Rücken, trug also ähnliche Farben wie jetzt, wurde aber erst nach der Verpuppung zum erwachsenen, gepanzerten und geflügelten Tier.

Nicht nur das Marienkäferchen hat Appetit auf die wäßrigen, süßen und faulen Blattläuse. Sie stellen auch die Leibspeise der Florfliege dar. Ihre goldenen Augen gehören zu den schönsten des ganzen Insektenreiches, und ihre Flügel scheinen aus feinstem, grünlich angehauchtem Glas zu sein.

Mittlerweile ist es auf unserer Wiese warm geworden, und das Summen der Bienen und Wespen ist zu hören. Hier fliegt brummend ein Maikäfer vorbei, und von weitem hören wir das Krächzen einer Dohle.

Tagsüber auf der Wiese

Haubenlerche

Sperlinge auf frisch angesätem Acker

Nebelkrähen

Die Gewässer

Viele Hunderte von Lebewesen finden wir unter der Tierwelt der Bäche und Flüsse, der Teiche und Seen. Da erkennen wir zwischen Wasserpflanzen den Hecht, wie er auf Beute lauert. Nachts geht der Aal auf Nahrungssuche, und in klaren Flüssen können wir noch den Lachs springen sehen. Die Stille wird unterbrochen von einem Klatschen, wenn der Eisvogel nach kleinen Fischen taucht. Bei Gefahr schlägt der Biber mit seinem flachen Schwanz auf die Wasseroberfläche. Es gibt Tiere, die auf der Wasserfläche laufen, und andere, die im Wasser ihre Jugend verbringen. Doch alle kehren immer wieder zum Wasser zurück, auch die Frösche, die sich im Frühjahr mit viel Gequake paaren und hier ihre gallertigen Eier ablegen.

1 Graureiher	25 Köcherfliegenlarve
2 Köcherfliege	26 Stelzenläufer
3 Teichläufer	27 Wiesenweihe
4 Wasserskorpion	28 Saibling
5 Döbel	29 Lachs
6 Flamingo	30 Forelle
7 Wasserralle	31 Neunauge
8 Taumelkäfer	32 Biber
9 Rückenschwimmer	33 Frosch
10 Schlammschnecke	34 Barsch
11 Säbelschnäbler	35 Hecht
12 Haubentaucher	36 Karausche
13 Steinbeißer	37 Ukelei
14 Bitterling	38 Libelle
15 Graureiher	39 Karpfen
16 Purpurreiher	40 Schleie
17 Äsche	41 Ringelnatter
18 Gründling	42 Rallenreiher
19 Aal	43 Bartmeise
20 Schermaus	44 Nachtreiher
21 Stockente	45 Fischotter
22 Maifisch	46 Biberratte
23 Wasserläufer	47 Eisvogel
24 Gelbrandkäfer	48 Rohrdommel

Die Quelle

Ein großer, moosbewachsener Felsblock liegt über der Quelle. Direkt zu seinen Füßen tritt das klare, kalte Wasser aus, nachdem es sich in dem höhergelegenen Teil des Tales im Untergrund gesammelt hat. Es hat nicht den Anschein, als gäbe es in dieser kleinen Quelle Lebewesen. Doch wir müssen nur einige Steinchen umdrehen oder den Boden etwas aufwühlen und schon sehen wir einen kleinen, schwarzen Plattwurm. Auf der dünnen Wasserschicht des Steines, den wir aus dem Wasser geholt haben, bewegt er sich hin und her, indem er seinen Körper streckt und verkürzt. Er lebt von winzigen Beutetieren, die er im Moos findet. Plötzlich sehen wir auch zwei winzige Quellenschnecken mit ihren dünnen, glasartig durchsichtigen Häuschen. Beim geringsten Anzeichen einer Gefahr ziehen sich die Tiere zurück. In der Quelle lebt auch eine Eintagsfliegenlarve. Mit einem Satz springt sie uns aus der Hand und stürzt sich ins Wasser, wo sie auch noch einige Zeit bleiben wird, bis der Augenblick kommt, da sie sich in ein geflügeltes Insekt verwandelt und für einige Stunden, höchstens Tage in der Luft lebt, um sich fortzupflanzen.

In der niedrigen alpinen Weide finden sich hier und da kleine Wasserlachen. Oft trinken Schafe und Ziegen aus ihnen und kümmern sich nicht um die grünen haarfeinen Algen, die die Oberfläche des kleinen Tümpels fast völlig bedecken. Es ist Mittag, die Sonne sticht und es ist absolut windstill. Auf der Wasseroberfläche sehen wir einen Wasserläufer mit seinen langen Beinen und dem leichten, zigarrenförmigen Körper. Er erforscht den hintersten Winkel des Tümpels auf der Suche nach kleinen Insekten, die von den umgebenden Grashalmen ins Wasser gefallen sein könnten. Es wäre ja auch möglich, daß eine kleine Zikade mit einem Sprung plötzlich im Wasser landet. Da zappelt tatsächlich eine kleine Fliege und versucht, sich

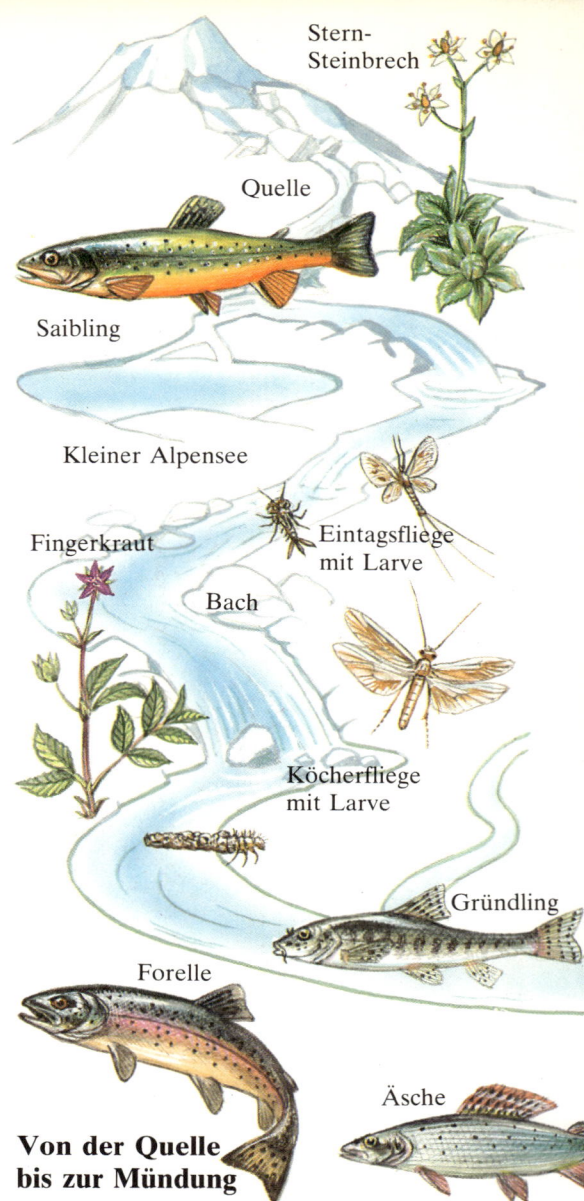

Stern-Steinbrech

Quelle

Saibling

Kleiner Alpensee

Fingerkraut

Eintagsfliege mit Larve

Bach

Köcherfliege mit Larve

Gründling

Forelle

Äsche

Von der Quelle bis zur Mündung

1

Der Hecht (1) ist ein mächtiger Räuber und ein großer Fresser. Mit seinem entenschnabelförmigen, zähnestarrenden Maul gelingt es ihm, jeden anderen Fisch zu überwältigen. Die ältesten Exemplare erreichen eine Länge von eineinhalb Meter. Während der Hecht auch ziemlich sauerstoffarmes Wasser mit vielen Pflanzen aushält, kommt die Forelle (2) nur im sauberen, klaren, sauerstoffreichen Wasser der Bäche und schnellen Flüsse vor. Hier lebten früher auch die Lachse (3), die vom Meer kommend ins Süßwasser aufsteigen, um sich dort fortzupflanzen. Sie verbringen hier ihre Jugend und begeben sich dann ins Meer zurück.

Schermaus

Graben

Frosch

Wasser-
hahnenfuß

Graben

Rohrkolben

Schleie

Teich

Steinbeißer

Barsch

2

Karausche

Fluß

Laichkraut

See

Binse

Ukelei

Fluß

Karpfen

Bitterling

Döbel

Seerose

Maifisch

3

Neunauge

Sandsegge

Meeraster

Aal

Mündung

Hasen-
schwanzgras

1

vom Wasserspiegel loszureißen. Doch schon ist sie eine Beute des Wasserläufers geworden, der sie mit seinem kräftigen Rüssel aussaugt, denn schließlich gehört er zur Gruppe der Wasserwanzen.

Unter dem Wasserspiegel schleppen die Schlammschnecken ihre honiggelben, etwas bauchigen Häuser dahin, während Libellenlarven sich im Beutefang üben. Bald werden auch sie das Wasser verlassen. An einem Pflanzenstengel hängend, geschieht die Umwandlung zum erwachsenen, geflügelten Insekt. Den Rest ihrer Tage verbringen sie in pfeilschnellem, patrouillierendem Flug, auf der Suche nach Beutetieren und nach Geschlechtspartnern.

Bei unserer Gebirgsquelle nimmt ein kleines Bächlein seinen Anfang. Sein Wasser ist klar, der Verlauf sehr verwinkelt. Es fließt zwischen Moos, Kräutern, Steinen und Blöcken zu Tale.

2

Kleine Welt im Wasser

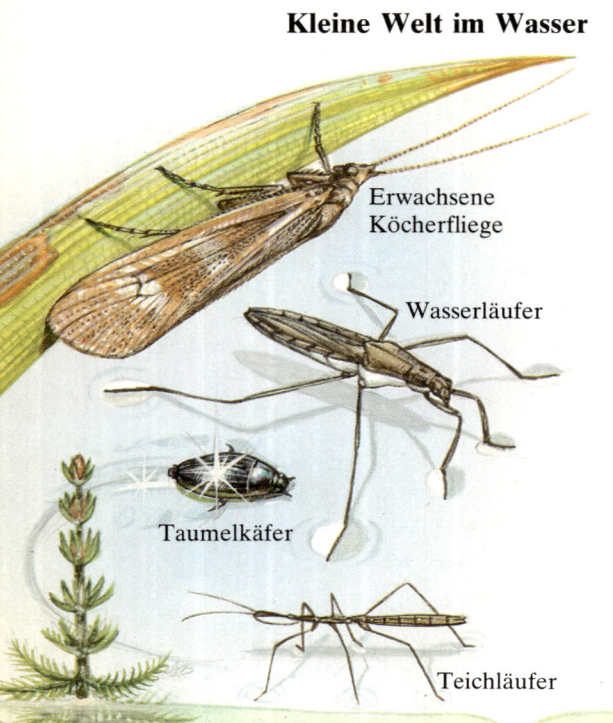

Erwachsene Köcherfliege

Wasserläufer

Taumelkäfer

Teichläufer

Tausendblatt

Gelbrandkäfer beim Erneuern des Luftvorrates

Larve eines Gelbrandkäfers beim Erneuern des Luftvorrates

...und beim Fressen einer Eintagsfliege

Rückenschwimmer

Wasserskorpion beim Verschlingen einer Zuckmückenlarve

Köcherfliegenlarve

Köcherfliegenlarve

Larve eines Taumelkäfers beim Verschlingen einer Beute

Laichkraut

Wie eine Libelle schlüpft

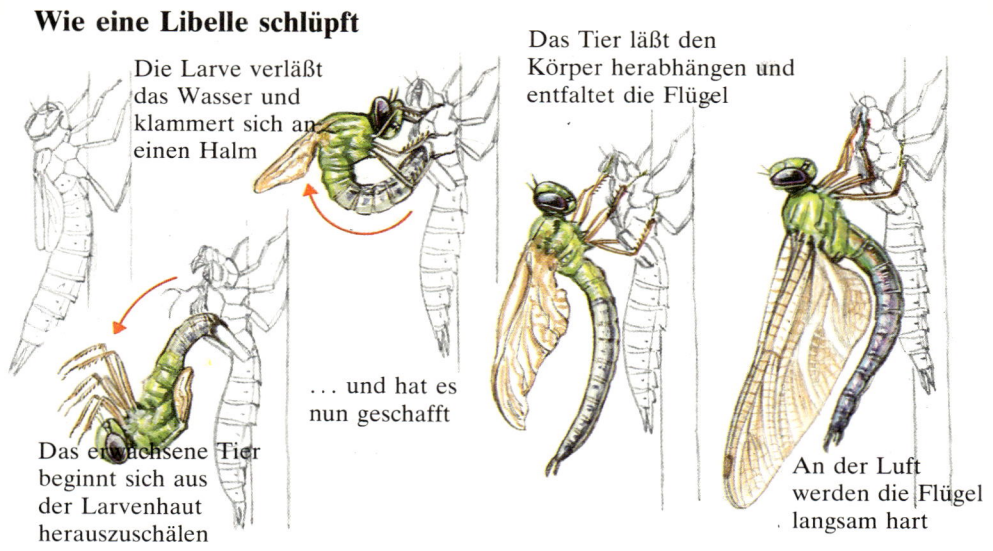

Die Larve verläßt das Wasser und klammert sich an einen Halm

Das Tier läßt den Körper herabhängen und entfaltet die Flügel

Das erwachsene Tier beginnt sich aus der Larvenhaut herauszuschälen

... und hat es nun geschafft

An der Luft werden die Flügel langsam hart

Es überwindet schäumend kleine Wasserfälle und sammelt sich dann wieder in größeren Becken, die im Fels eingegraben liegen. Immer noch ist das Wasser kalt, klar und sauerstoffreich. Hier beginnt das Reich der Forelle. Sie folgt dem Bach und dem Fluß so lange, bis ihr das Wasser zu trüb und die Strömung zu gering wird. An ihre Stelle treten dann der Hecht und der Karpfen, die Schleie und der Aal.

Der See

Wir folgen dem Bach. Immer feinkörniger wird sein Bett, immer geringer die Neigung, immer langsamer die Strömung. Plötzlich haben wir den Eindruck, wir seien am Ende angelangt, obwohl wir noch weit vom Meer entfernt sind. Noch liegen Berge rings um uns, und das Wasser schmeckt süß. Wir sind an einem See. Die Frösche, die auf ufernahen Pflanzen sind, springen bei unserem Herannahen planschend ins Wasser, und zwischen den Algen und dem Schlamm verlieren wir sie aus den Augen. Doch warten wir ein bißchen: Sie müssen bald ihren Kopf wieder aus dem Wasser strecken, denn sie haben Lungen zum Atmen wie wir. Nur ihre Larven, die Kaulquappen, können wie Fische dauernd im Wasser bleiben.

Im Frühjahr ist das ganze Seeufer voll von dem sonoren Gequake der verliebten Frösche. Später sehen wir im Schilfwald die Eier, kleine, durchscheinende, gallertige Tropfen mit einem schwarzen Pünktchen in der Mitte. Dieses wächst langsam heran, nimmt Formen an. Bald zeigen sich ein Schwanz, zwei Augen, ein winziger Mund. Die Gallerte wird inzwischen immer weniger, und schließlich läßt sie die kleine, eigentümliche Kaulquappe frei. Mit dem langen Schwanz wedelt sie wie ein kleiner Hund, und überall raspelt sie mit ihren Zähnen Algen und Blätter ab. Der Mund ist dauernd in Bewegung und zeigt den unersättlichen Hunger eines jungen Tieres, das in kurzer Zeit erwachsen werden will. Und tatsächlich, nach einigen Wochen,

3

Der Gelbrandkäfer (1) ist ein kräftiges, gepanzertes Insekt, das räuberisch lebt. Unter seinen Opfern befinden sich oft Kaulquappen, doch verschmäht er auch Insektenlarven, kleine Insekten, Fische und all jene Tiere nicht, die auf die Wasseroberfläche fallen.
Auch die Libellen leben räuberisch, sei es als wasserbewohnende Larven oder als erwachsene Insekten, die stets in der Nähe der Gewässer fliegen. Zur Eiablage (2) kehren sie zum Wasser zurück, und an den Stengeln von Wasserpflanzen kann man Männchen und Weibchen bei der Paarung (3) beobachten, wobei sie mit ihren schlanken Körpern ein elegantes Paarungsrad bilden.

wachsen die Beinchen heran, zuerst die hinteren, dann die vorderen. Der Schwanz zeigt aber noch seine bisherige Länge, die Kaulquappe kann nur schwimmen. Dann jedoch verkürzt sich der Schwanz nach und nach. Die Kaulquappe bleibt noch ungefähr einen Monat im Wasser. Schließlich taugt der Schwanz nicht mehr zum Schwimmen, doch in der Zwischenzeit sind die Beine herangewachsen. Aus der Kaulquappe sind kleine Fröschchen geworden. Zwischen den feuchten Pflanzen des Seeufers gehen sie auf Nahrungssuche, fressen hier einen kleinen Wurm, da eine Schnecke. Bei einer Störung springen sie sofort ins Wasser. Auch wenn sie erwachsen sind, werden sie wieder zum Wasser, indem sie ja geboren wurden, zurückkehren, nämlich um sich fortzupflanzen und um ihrerseits wieder große, gallertige Eimassen zu legen.

Die Flucht ins Wasser bedeutet für den Frosch nicht immer die Rettung. Möglicherweise wartet zwischen dem Schilf eine Ringelnatter auf Beute. Vielleicht ist auch ein Hecht da, der pfeilschnell auf seine Beute losschießt und sie mit seinem zähnestarrenden Maul niemals mehr freiläßt. Ein großer hungriger Hecht macht sogar Jagd auf seinesgleichen oder auf Bleßhühner. Auch im See hört der Kampf ums Überleben nie auf, jedes Tier hat seine Räuber, vor denen es sich in acht nehmen muß.

Die Rohrdommel

Wo das Schilf am Seeufer besonders dicht steht, hat die Rohrdommel ihr Nest. Sie ist nicht leicht zu sehen mit ihrem rostgelb gefleckten Gefieder, besonders, wenn sie völlig bewegungslos auf ihrem einfachen Schilfnest sitzt. Sie erscheint uns zunächst plump und ungelenk, keineswegs als ein Verwandter des elegan-

2

1

Die Teiche, Sümpfe und Seeufer sind mit ihren Schilfbeständen die Heimat vieler Wasservögel, z. B. der Tafelente (1) und der Stockente (2), die beide in Europa weit verbreitet sind.

Leben im Brackwassersumpf

64

ten Reihers mit seinem langen, biegsamen Hals. Doch auch die Rohrdommel hat ihre Vorzüge, sie ist mutig und wild, wenn es darum geht, sich oder ihre Jungen gegenüber einem Greifvogel zu verteidigen. Doch das geschieht nicht oft. Tagsüber verharrt die Rohrdommel im Schilfwald ruhig und unsichtbar; sie kann stundenlang mit hochgerecktem Hals auf ihrem Nest sitzen, wobei man sie mit Schilfrohrhalmen verwechselt, besonders weil sie wie diese im Wind schwankt. Gegen Abend wird sie aber aktiv und geht auf Jagd, stopft sich mit Fröschen und Fischen voll. Sie hat dann wieder einen ganzen Tag Zeit, um ihre Beute zu verdauen.

Am Fluß entlang

Wir verlassen den See und seine Bewohner und folgen dem Fluß, der sich langsam dem Meer zubewegt. Ein Erlenwäldchen bedeckt das Flußufer. Nahe am Ufer sehen wir eine Stockentenfamilie schwimmen. Die Küken sind erst vor kurzem ausgeschlüpft, und für sie ist das einer der ersten Spaziergänge – natürlich unter dem wachsamen Auge der Mutter. Was für ein Spaß, herumzuplanschen und mit dem Schnabel zwischen den Wurzeln untergetauchter Pflanzen nach etwas Eßbarem zu suchen. Doch da lebt noch eine andere Familie im Schilf. Die Füße der Vögel sind grün gefärbt und mit sehr langen Zehen versehen, der Schnabel ist kräftig und rot mit schwarzer Spitze, der Körper selbst schwarzbraun, der Schwanz kurz. Ungefähr zehn Tiere werden es sein, wir können sie nicht genau zählen. Im Nu sind sie auf schnellen Schwingen im Grünen verschwunden; nur ein Tier schaut uns noch nach und will wissen, wohin wir uns wenden. Es

Flamingo

Schilfrohr

Rohrdommel

Bartmeise

Purpurreiher

Graureiher

Queller

Nachtreiher

Seerose

Säbel-
schnäbler

Haubentaucher

Stelzenläufer

Biberratte

Weihe

Queller

Wasserralle

sind Teichhühner. Da sehen wir auch ihr Nest, ein Geflecht aus Sumpfpflanzen, halbversteckt im Schilf.

Langsam bricht die Nacht heran. Die Luft wird feucht und wimmelt vor Stechmücken. Auch sie haben ihre Jugend als Larven im Wasser verbracht, bevor sie die zarten Flügel und den Stechrüssel ausbildeten, mit dem sie Blut saugen. Doch um ehrlich zu sein: nicht alle sind angriffslustig. Viele Mücken stürzen sich nicht auf das erstbeste Säugetier, sondern tanzen stundenlang in der Luft, hoch oben zwischen den Baumwipfeln. Später ruhen sie sich auf den Stämmen und Blättern aus, doch bleiben sie immer in Wassernähe. Das sind die Männchen der Stechmücken. Sie saugen kein Blut. Das tun nur die Weibchen und die nehmen auch nur ein winziges Tröpfchen, gerade soviel, wie nötig ist, um die Eier in ihrem Körper heranreifen zu lassen. Die Weibchen legen sie dann in Tümpeln und Altwässern ab, wo die vielen Pflanzen keine nennenswerte Strömung zulassen.

Das Haus der Köcherfliege

Noch andere Insekten fliegen in der Luft umher; sie sehen aus wie kleine Schmetterlinge mit düsteren Farben. Das sind Köcherfliegen, die als raupenähnliche Larven mit weichem, länglichem Körper im Wasser leben. Fast alle sind hervorragende Baumeister, denn sie konstruieren sich ein Haus aus Seide, das sie auf der Außenseite mit winzigen Steinchen, Schneckenhäuschen oder Blattstücken tapezieren. Die Köcherfliegenlarven leben in diesem Haus und schleppen es überallhin mit. Wenn sie ruhig daliegen, sind sie jedoch schwer zu sehen, weil ihre Köcher hervorragend getarnt sind. Auf dem Hintergrund können wir sie nur schwer entdecken. Einige Köcherfliegenlarven bauen sich auch raffinierte trichterförmige Seidenfallen und warten an deren Ausgang auf Beute.

Wie ein Pfeil hat sich ein Vogel vom Weidenstrunk gelöst und ins Wasser gestürzt. Schon kommt er wieder nach oben, mit

1

2

Der Fischotter taucht ins Wasser

... und kommt mit einem Fisch heraus

er schwimmt schnell und dreht sich bei der Verfolgung

3

Das dichte, glänzende, aber doch kurz-haarige Fell ist für den Fischotter (1) von großem Nutzen, denn er lebt halb im Wasser, halb auf dem Land. Acht Minuten kann er unter Wasser bleiben, ohne Luft zu schöpfen. Wenn er auftaucht, trägt er zwischen den Zähnen oft einen Fisch (2), der sich noch mit Schwanz-schlägen wehrt. Der Eisvogel (3) beobachtet auf Ästen oder Stämmen sitzend den Wasserspiegel. Wenn er einen Fisch entdeckt hat, stürzt er sich kopfüber ins Wasser (4).

einem Fisch im Schnabel. Es ist ein Eisvogel bei seinem letzten Tauchgang des Tages.

Nachts, wenn alles still liegt und wir nur den Ruf der Nachtigall von ferne hören, folgen wir dem Fluß bis zur Mündung. Am frühen Morgen kommen wir an den Brackwassersümpfen an, wo sich der Fluß im Meer verliert. Mit dem ersten Sonnenlicht erkennen wir langhalsige Reiher und den Säbelschnäbler mit seinem pfriemenförmigen, nach oben gebogenen Schnabel. Dann sehen wir auch die kleinen Aale, die die Flüsse hinaufziehen und dort groß werden, bis sie eines Tages wieder den Weg zurück ins Meer finden, um sich weit weg, nämlich vor der Küste Amerikas, fortzupflanzen. Wenn wir Glück haben, zeigt sich uns sogar ein rosaroter Flamingo.

Gefräßige Fischer

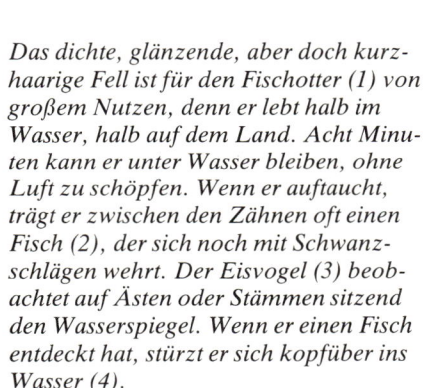

Der Eisvogel taucht ins Wasser

... und verläßt das Wasser sofort wieder

... packt den Fisch

4

Dünen und Macchia

Die Macchia ist ein Trockenwald, der in den küstennahen Gebieten des Mittelmeers wächst. Das dunkelgrüne Eichenlaub steht in scharfem Gegensatz zum Gelb des Ginsters und den weißen oder rosafarbenen Blüten der Zistrosen. Unter der glühendheißen Sonne riechen wir die Düfte des Lavendels und der Myrte. Das Meer ist nicht weit weg. Es herrscht absolute Windstille. Die einzigen Geräusche, die wir hören, sind das Summen der Insekten, die Rufe der Vögel, das leise Rascheln der Eidechsen und der unaufhörliche Gesang der Zikaden.

1 Möwe	15 Sandflughuhn
2 Gottesanbeterin	16 Bienenfresser
3 Perleidechse	17 Sandlaufkäfer
4 Storch	18 Gänsegeier
5 Kranich	19 Wildschwein
6 Austernfischer	20 Hase
7 Seeregenpfeifer	21 Fasan
8 Schmutzgeier	22 Großtrappe
9 Eidechsennatter	23 Wildkaninchen
10 Wechselkröte	24 Blauracke
11 Skarabäus	25 Damhirsch
12 Brachschwalbe	26 Zikade
13 Löffler	27 Stachelschwein
14 Blauelster	

Auf dem Sand

Den Skarabäus, der auf dem Sand eine runde, große und schwere Mistpille vor sich her bewegt, kannten schon die alten Ägypter. Er war ihnen sogar heilig. Sein Kopf mit den stumpfen Zacken am Vorderrand versinnbildlichte die Sonne mit ihren Strahlen, während die Pille als Symbol der Erde galt. Nach altägyptischer Auffassung bewegte der Skarabäus 29 Tage lang die Dungkugel von frühmorgens bis zum Sonnenuntergang, vergrub sie jede Nacht in der Erde und warf sie am dreißigsten Tag in den Nil. Daraus entstand ein neuer Skarabäus, der wiederum auf dieselbe Weise handelte. Monat für Monat wiederholte sich dieses Geschehen, denn die Kräfte der Natur sind unerschöpflich.

Naturwissenschaftlich gesehen stimmt das alles nicht so ganz, und der weitaus größte Teil aller Skarabäen oder Pillendreher, die es auf der Erde gibt, sieht niemals den Nil und seine Ufer. Es trifft allerdings zu, daß das Überleben der Skarabäen von den kugelförmigen Dungpillen abhängt und daß diese nach langer Reise schließlich im Sand eingegraben werden. Bisweilen

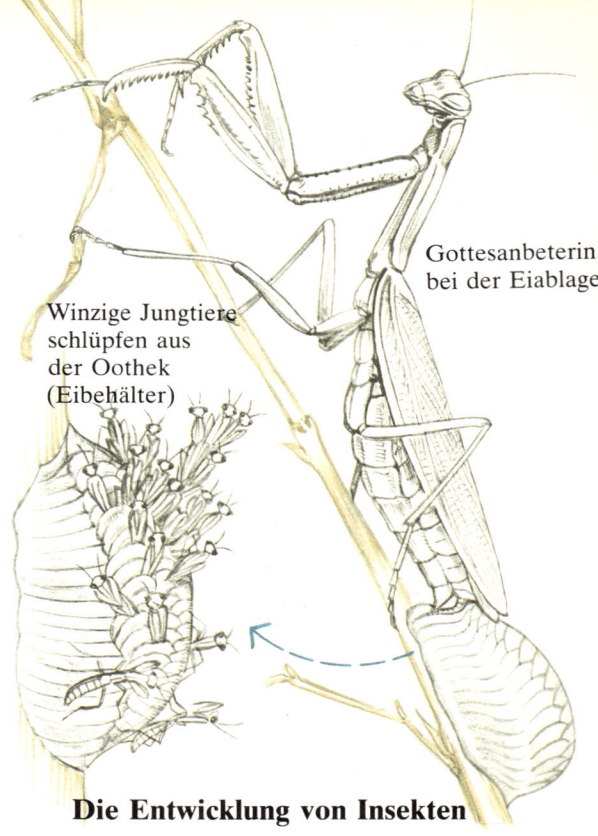

Gottesanbeterin bei der Eiablage

Winzige Jungtiere schlüpfen aus der Oothek (Eibehälter)

Die Entwicklung von Insekten

Die normale Haltung der Vorderbeine, die an die gefalteten Hände eines Beters erinnern, haben der Gottesanbeterin (1) ihren Namen eingetragen. In Wirklichkeit ist sie eine große Räuberin. Harmlos hingegen ist der Skarabäus (2), der unbeirrt auf dem Sand seine Mistpille fortrollt. Und friedlich ist auch die Zikade (3), die während ihres kurzen Lebens unaufhörlich singt.

1

2

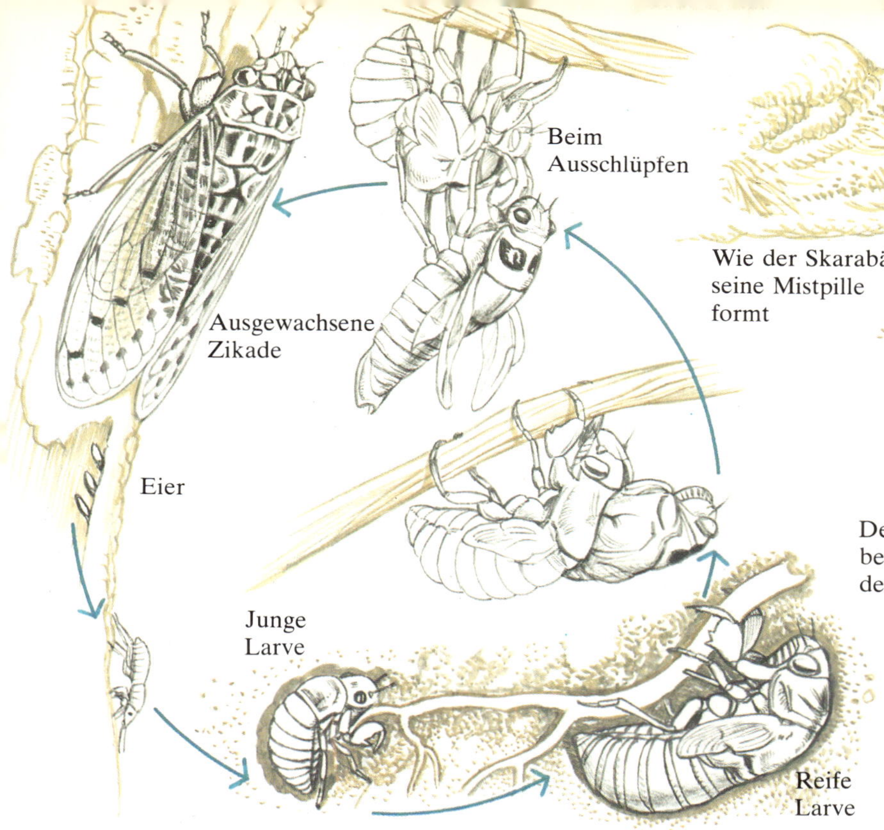

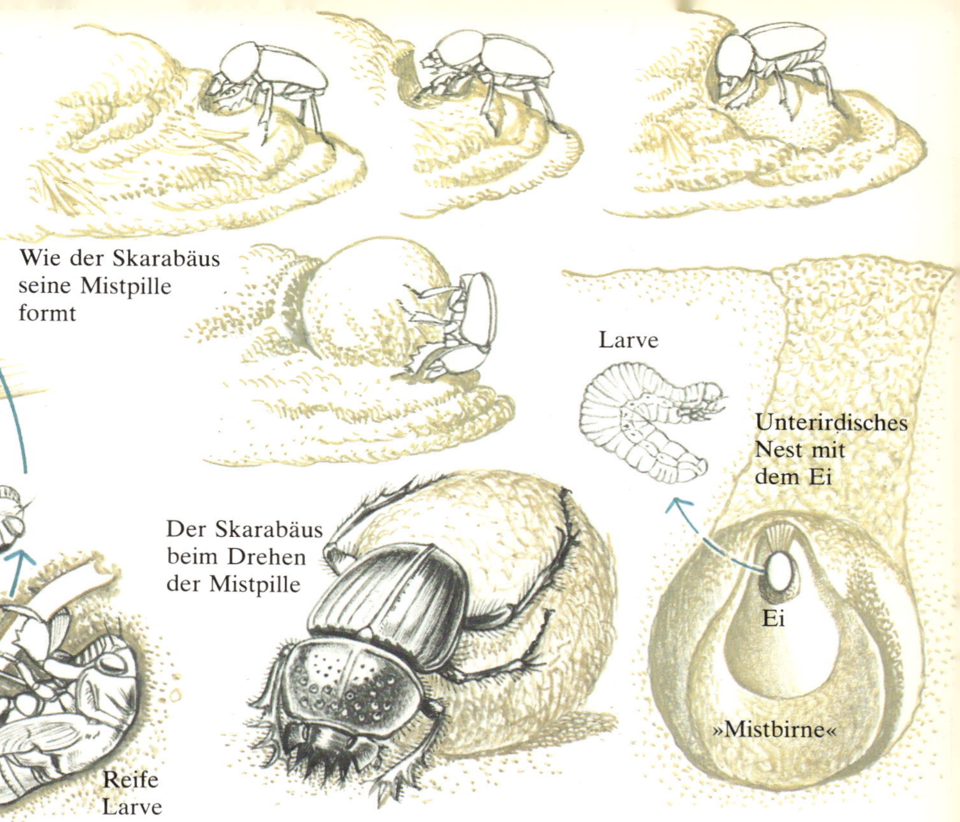

Beim
Ausschlüpfen

Wie der Skarabäus
seine Mistpille
formt

Ausgewachsene
Zikade

Larve

Unterirdisches
Nest mit
dem Ei

Eier

Der Skarabäus
beim Drehen
der Mistpille

Ei

Junge
Larve

»Mistbirne«

Reife
Larve

3

handelt es sich aber nur um einen schönen Nahrungsvorrat, den
unser Skarabäus mühselig erworben hat und den er nun genüß-
lich verspeisen möchte, geschützt vor dem Appetit anderer
Artgenossen. In anderen Fällen dient die Kotkugel jedoch als
Larvennahrung: Das Weibchen bearbeitet sie, gibt ihr eine
Birnenform und vergräbt sie an einer geschützten Stelle. Dann
wird ein Ei ins Innere abgelegt, aus dem schließlich eine gelbe,
fette Skarabäenlarve hervorgeht. Der aus der Puppe geschlüpfte
junge Käfer schließlich kehrt wieder ans Sonnenlicht zurück und
verrichtet die gleiche mühselige Arbeit des Pillendrehens wie
seine Eltern.

Ein Geierleben

Der harte, dornige Trockenwald des Mittelmeergebietes und
die nahegelegenen Sandgebiete sind – oder waren früher einmal
– das Reich der Geier, zum Beispiel des Gänsegeiers und des
Schmutzgeiers. Aus unvorstellbarer Entfernung nehmen diese
Vögel den Kadaver eines Kaninchens, eines zugrundegegange-
nen Wildschweins oder einer schon in Fäulnis übergegangenen
Zornnatter wahr. Nun gilt es sich sputen, denn schon sind die
Kolkraben eingetroffen, die die zartesten Teile herausreißen
und sich daran gütlich tun. Lärmend und streitsüchtig kämpfen
die Geier um die Überreste, doch sie leisten gute Arbeit. Noch
vor der Abenddämmerung liegen nur noch weiße, sauber abge-
nagte Knochen da.

71

1

Die Wildschweine befreien
sich beim Suhlen im
Schlamm von Hautparasiten

Wildschwein bei der Ruhe;
es bedeckt sich dabei mit
eigens dafür abgerissenen
Zweigen

2

Leben im Gehölz

Einen ganz anderen Geschmack hat der Bienenfresser, der, wie sein Name verrät, eine besondere Vorliebe für Bienen hat. Er lauert auf einem Ast der Korkeiche und stürzt sich zielstrebig auf die Bienen, die über den Zistrosen schwärmen. Angst vor den Stichen hat er nicht, denn er ist dem Bienengift gegenüber unempfindlich. Immerhin, wenn er zu seinem Ansitz zurückkehrt, tötet er zuerst seine Beute, wirft sie dann in die Luft und fängt sie mit dem Schnabel auf.

Mehr im Innern des Gehölzes, wo die Dornensträucher und die intensiv duftenden Blumen und die aromatischen Kräuter stehen, haust das Wildkaninchen mit seinen Jungen in einem Bau. Es verhält sich sehr scheu und läßt sich nur in seltenen Fällen vor der Abenddämmerung beim Weidegang blicken. Erst im Dunkeln erscheint es am Baueingang, zieht schnuppernd und mißtrauisch die Luft ein und hoppelt erst dann ins Freie zur Äsung.

Auch das Stachelschwein ist ein Nachttier, doch mit seiner großen Körpermasse, den kräftigen Beinen und vor allem dem

… und teilen mit den Hauern Schläge aus

Das Privatleben der Wildschweine

Das Wildschwein ist der größte und kräftigste Bewohner der Mittelmeermacchia. Typisch ist das gefleckte Fell der kleinen Frischlinge, das sich im Verlauf der Entwicklung zum Rotbraun der erwachsenen Tiere (1) umfärbt. Das Wildschwein ernährt sich als Allesfresser von Wurzeln, Knollen, Früchten, Eiern, lebenden und toten Tieren (3). Beim Wühlen im Boden bedient es sich seines langen Rüssels (2).

harten Stachelpanzer hat es längst nicht so viele Feinde wie das Wildkaninchen.

Das Wildschwein

Wenige Feinde hat auch das Wildschwein, allerdings erst, wenn es erwachsen ist und wenn es sich mit seinen Hauern, mit Klauen- oder Rüsselschlägen verteidigen kann. Es lebt in zahlreichen lärmigen Rudeln, die durch die Gehölze und die Macchia ziehen. Das Wildschwein frißt alles, was ihm vor die Zähne kommt: Samen und Wurzeln, Fische und Frösche, Insekten und kleine Schlangen. Es wühlt zu jeder Tagesstunde im Boden auf der Suche nach Nahrung. Um sich von den lästigen Hautschmarotzern zu befreien und um Kühlung zu suchen, suhlt es gerne im Schlamm. Die Weibchen haben ein Rudel kleiner und drolliger, quiekender Frischlinge um sich herum. Wenn sie heranwachsen, verlieren sie ihr geflecktes und gestreiftes Fellkleid.

Der Damhirsch hingegen behält die weißen Flecken im Fell bei, die sonst nur für Jungtiere so typisch sind. Seine Körpermaße sind kleiner als die unseres Hirsches, doch das Geweih ist größer und unterscheidet sich vor allem dadurch, daß es schaufelförmig ausgebildet ist. Der Damhirsch lebt geselliger als unser Rothirsch und hält sich in großen Rudeln vor allem im lichten Wald zwischen Steineichen und Gebüsch auf.

Es ist Sommer. Überall hören wir den ohrenbetäubenden Lärm der Zikaden. Viele Monate lang hielt sich die Larve in der Erde auf und sog Pflanzen aus. Dann stieg sie auf einen Zweig,

3

häutete sich dort und ließ als nunmehr erwachsenes Tier ihre Flügel von der Sonne härten. Jetzt sitzt sie, für unser Auge nahezu unsichtbar, auf einem zarten Ast und saugt wiederum Pflanzensaft. Dazu lärmt sie unaufhörlich, bis die Sonne hinter den myrtenbewachsenen Hügeln verschwindet. Doch sie kann nur kurze Zeit die Sonne und den Gesang genießen. Bald verschwindet sie und hinterläßt ein kleines Eihäufchen, aus dem später winzige ungeflügelte Zikaden schlüpfen. Sie haben maulwurfsähnliche Grabbeine und verschwinden bald unter der Erdoberfläche. Eines Frühsommertages werden sie wieder auftauchen, um in der Sonne zu singen.

Gefahren der Macchia

Ganz im Gegensatz zu den lärmigen Zikaden vollzieht sich das Leben der Gottesanbeterin in verräterischer Stille. Mit ihrem langen, grasgrünen Körper sieht sie einer Heuschrecke ähnlich, doch kann sie nicht hüpfen. Dafür hat sie ein Paar gezähnter Vorderbeine, die mit der Präzision eines Schnappmessers über der Beute zuklappen. Im Ruhezustand hält sie die Vorderbeine

1

Kraniche auf dem Zug

Gänsegeier im Nest mit Jungtier

Nester auf dem Felsen

Störche auf dem Zug

Silbermöwen beim Brüten

Blauelster

Löffler

Brachschwalbe

Sandflughuhn

Trauerseeschwalbe

Eidechsennatter

Ein Tierkadaver, der an der Sonne fault, zieht innerhalb kurzer Zeit Aasfresser an, z. B. den Gänsegeier oder den Schmutzgeier (1), der mit großer Sorgfalt die Knochen abnagt.
In der Mittelmeermacchia ist auch der Damhirsch (2) zu Hause. Von unserem Rothirsch unterscheidet er sich durch die geringere Größe, das stets hellgefleckte Fell und die Form des Geweihs, das am Ende verbreitert und abgeflacht ist. Damhirschweibchen (3) tragen wie bei unserer Hirschart kein Geweih.

2

Tiere im Dünensand

Seeschwalbe mit Nestlingen

Perleidechse

3

zusammengeklappt, als sei sie im Gebet versunken; daher hat sie schließlich auch ihren Namen. Zuviel Zutrauen zu diesem bestens getarnten Raubinsekt zu haben, kann das Leben kosten. Das gilt sogar für das Männchen. Noch während der Paarung kann das Weibchen der Versuchung oft nicht widerstehen und tötet seinen Partner mit einem Biß.
Während die heiße Sonne das dunkelgrüne Laub der Macchia versengt, scheint jeder Strauch irgendeine Gefahr zu verbergen. Dort, zu Füßen jenes gelbblühenden Ginsters, hat die Eidechsennatter ihren Unterschlupf. Habt ihr gesehen, wie sie auf Eindringlinge reagiert, die sie beim Verdauungsschlaf unter der Nachmittagssonne stören? Sofort hebt sie ihren Kopf und beginnt, drohend zu zischen, zuerst leise, dann immer lauter. Eine sandfarbene Eidechse ist sofort weggehuscht und hat sich verborgen.
Etwas weiter weg, über den Brackwasserlagunen, steht leichter Nebel. Von Zeit zu Zeit steigt von der ölglatten Wasseroberfläche ein Vogel auf. Diesmal ist es eine große Silbermöwe, die gerade ihre Fischmahlzeit beendet hat. Ein andermal ist es ein kleiner Trupp von schneeweißen Löfflern. Mit ihrem merkwürdig geformten Schnabel suchen sie im Schlamm nach Kleinlebewesen.
Ein Flügelschlagen auf der Steineiche hinter uns kündigt uns an, daß die Blauracke vom Beutefang zurückgekehrt ist. Im Schnabel hält sie eine große Zikade. Eine Stimme in der Macchia wurde ausgelöscht, aber niemand merkt das. Das Konzert vieler tausend Zikaden wird bis zum Abend weitergehen – eintönig und laut.

75

Übersicht über die Wirbeltiere Europas

In der folgenden Liste werden die wichtigsten Tierformen Europas und ihre Merkmale genannt. Bei den wasserbewohnenden Tieren, vor allem den Fischen, beschränken wir uns dabei auf die Formen des Süßwassers.

STAMM WIRBELTIERE: Das Rückenmark ist bei allen Formen von knorpeligen und knöchernen Wirbeln umgeben. Die Gruppe umfaßt die Kieferlosen, die Fische, die Lurche, die Kriechtiere, die Vögel und die Säuger.

KLASSE KIEFERLOSE: keine Kiefer, rundes Maul mit Hornzähnen, aalähnliche Tiere, die sich an anderen Fischen festheften und sie aussaugen. Es gibt sieben Arten, darunter die Neunaugen oder Lampreten.

KLASSE FISCHE: wechselwarm, Haut schleimig, meist von Schuppen bedeckt.

Familie Störe: langgestreckte, meist große Fische mit Knochenschildern auf der Haut, vier Barteln am Mund. Sieben Arten, darunter der bis 9 m lange Hausen, von dem wir den Kaviar erhalten, und der heute seltene gewöhnliche Stör.

Familie Heringe: überwiegend Meeresfische, doch der Maifisch oder Alse und die Finte wanderten früher regelmäßig die Flüsse hoch.

Familie Lachse: langgestreckte Raubfische mit kleinen Schuppen und einer Fettflosse zwischen der Schwanz- und der Rückenflosse. Sechs Arten, darunter Lachs oder Salm, Meer-, See- oder Bachforelle, Huchen und Saibling.

Familie Renken: ziemlich schlanke, forellenähnliche Tiere, allerdings mit größeren Schuppen. Acht Arten, darunter Renke, Maräne, Schnäpel und Felchen.

Familie Äschen: nur eine Art, die Äsche, mit segelförmiger Rückenflosse.

Familie Stinte: nur eine heute seltene Art.

Familie Karpfenfische: auch Weißfische genannt. Körper gestreckt bis hochrückig, Maul zahnlos, dafür Zähne im Schlund, bisweilen mit Barteln. In Europa 82 Arten, in Mitteleuropa rund 30, darunter Rotauge oder Plötze, Moderlieschen, Hasel, Döbel oder Aitel, Strömer, Orfe oder Aland, Elritze, Rotfeder, Rapfen, Schleie, Nase, Barbe, Güster, Brachsen, Bitterling, Karausche, Karpfen.

Familie Schmerlen: langgestreckte, kleine Bodenfische, am Maul 6-12 Barteln. Insgesamt zwölf Arten, darunter Bachschmerle, Schlammbeißer und Steinbeißer.

Familie Welse: plumpe, gelegentlich sehr große Bodenfische. In Europa zwei Arten, darunter der Wels oder Waller.

Familie Aale: nur eine Art, der wohlbekannte, langgestreckte Flußaal, der zur Fortpflanzung in die amerikanische Sargassosee zieht.

Familie Hundsfische: nur eine Art, die am Gewässerboden lebt.

Familie Hechte: nur eine Art, der bis 1,5 m lange Hecht.

Familie Kärpflinge: drei kleine, unauffällige und kaum bekannte Arten.

Familie Ährenfische: drei kleine, vorwiegend im Meer lebende Arten.

Familie Meeräschen: mehrere Arten, die auch ins Brack- und Süßwasser eindringen.

Familie Sägebarsche: nur eine Art, der See- oder Wolfsbarsch, der vom Meer gelegentlich in die Flüsse eindringt.

Familie Barsche: schlanke, kräftige Tiere, die an der zweiteiligen Rückenflosse zu erkennen sind: vorne trägt sie Hartstrahlen, hinten weiche Strahlen. Zwölf Arten, darunter Flußbarsch, Zander, Schrätzer, Streber, Zingel, Kaulbarsch und Sonnenbarsch.

Familie Grundeln: gedrungene, kleine Bodenfische mit stacheligen Flossen. 19 Arten.

Familie Schleimfische: Meerestiere. die nur mit einer Art ins Süßwasser eindringen.

Familie Groppen: kleine, keulenförmige, breitköpfige Fische mit stacheligen Flossen. Drei Arten.

Familie Stichlinge: gestreckte, kleine Fische mit einzeln stehenden Stacheln auf dem Rücken. Drei Arten.

Familie Schollen: nur die Flunder zieht ins Brack- oder Süßwasser.

Familie Dorschfische: im Süßwasser nur eine Art, die braunmarmorierte Quappe, die auch Rutte oder Trüsche heißt.

Familie Seenadeln: Meeresfische, nur eine Art steigt ins Süßwasser.

KLASSE LURCHE: auch Amphibien genannt, wechselwarm, feuchte, schleimige Haut ohne Schuppen, Entwicklung über wasserbewohnende Larven, erwachsene Tiere auf dem Land in feuchten Gebieten.

ORDNUNG SCHWANZLURCHE: erwachsene Tiere mit Schwanz.

Familie Molche und Salamander: Fleischfresser, erwachsene Tiere zur Fortpflanzungszeit im Wasser. 19 Arten, darunter in Mitteleuropa zwei Salamander und fünf Molche.

Familie Lungenlose Molche: atmen nur durch die Haut. Zwei Arten in Italien.

Familie Olme: nur eine Art, der weißliche, blinde Grottenolm des jugoslawischen Karstes.

ORDNUNG FROSCHLURCHE: erwachsene Tiere ohne Schwanz.

Familie Scheibenzüngler: krötenähnliche Tiere, sechs Arten, darunter die Geburtshelferkröte, die Rotbauch- und die Gelbbauchunke.

Familie Krötenfrösche: froschähnlich, doch Haut mit kleinen Warzen, vier Arten, darunter die Knoblauchkröte.

Familie Kröten: Haut warzig, drei Arten, nämlich Erdkröte, Kreuzkröte und Wechselkröte.

Familie Laubfrösche: zwei sehr ähnliche Arten mit Haftscheiben an Fingern und Zehen.

Familie Frösche: insgesamt zehn Arten, darunter die bekannten Grün- und Seefrösche.

KLASSE KRIECHTIERE: auch Reptilien genannt, wechselwarm, Haut trocken, mit Schuppen oder Schildern, Tiere häuten sich regelmäßig.

ORDNUNG SCHILDKRÖTEN: Abgesehen von den Meeresschildkröten umfaßt die Gruppe zwei Familien.

Familie Sumpfschildkröten: wasserbewohnende, sehr scheue Tiere, drei Arten, darunter auch die mitteleuropäische, leider fast ausgestorbene Sumpfschildkröte.

Familie Landschildkröten: drei im Mittelmeergebiet verbreitete Arten, darunter die Griechische Landschildkröte, die gerne als Haustier gehalten wird.

ORDNUNG ECHSEN: Haut mit ausgeprägten Schuppen, mit wenigen Ausnahmen mit vier Beinen versehen.

Familie Geckos: Zehen verbreitert, mit Haftorganen, so daß die Tiere auch auf glatten Flächen laufen können. Fünf Arten im Mittelmeergebiet.

Familie Agamen: Steppen- und Wüstentiere, in Südosteuropa nur eine Art, der Hardun.

Familie Chamäleons: gut getarnte, eigentümliche Tiere, Kopf mit Helm; große Augen, jedes für sich beweglich; Zunge lang; Greifschwanz; Baumbewohner. Eine Art in Südspanien.

Familie Skinke: eidechsenähnliche Tiere mit glänzenden Schuppen. Insgesamt fünf Arten, darunter die Johannisechse und die Erzschleiche mit ihren winzigen, rückgebildeten Beinen.

Familie Eidechsen: insgesamt 36 Arten, in Mitteleuropa nur vier.

Familie Schleichen: schlangenförmige, beinlose Tiere. Zwei Arten: Blindschleiche und Scheltopusik.

Familie Doppelschleichen: nur eine Art in Spanien, die Netzwühle oder Ringelschleiche.

ORDNUNG SCHLANGEN: fußlose, giftige oder ungiftige Arten.

Familie Blindschlangen: eine urtümliche Art in Südosteuropa.

Familie Riesenschlangen: nur eine Art, nämlich die Westliche Sandboa in Südosteuropa.

Familie Nattern: insgesamt 19 durchwegs ungiftige Arten, darunter Ringelnatter, Äskulapnatter und Zornnatter.

Familie Vipern: nicht ungefährliche Giftschlangen, die lebende Junge zur Welt bringen. Insgesamt acht Arten, darunter die Sandotter, die Kreuzotter und die Aspisviper.

KLASSE VÖGEL: gleichwarme, eierlegende Tiere mit Federn. In Europa rund 490 Brutvögel, dazu zahlreiche Gäste.

Familie Seetaucher: große nordische Schwimmvögel mit zugespitztem Schnabel. Vier Arten, darunter Pracht- und Eistaucher.

Familie Lappentaucher: Wasservögel mit spitzem Schnabel, keine Schwimmhäute. Fünf Arten, darunter der Haubentaucher.

Familie Sturmschwalben: Hochseevögel, nur zur Brutzeit an Land. Drei Arten.

Familie Sturmvögel: möwenähnliche Hochseevögel, hervorragende Flieger. Fünf Arten, darunter die Sturmtaucher und der Eissturmvogel.

Familie Tölpel: elegante Meeresvögel, die nach Fischen tauchen. Nur eine Art, der Baßtölpel.

Familie Kormorane: dunkle Wasservögel, Schnabel lang, an der Spitze hakig nach unten gebogen. Drei Arten, darunter der Kormoran und die Scharben.

Familie Pelikane: mächtige Wasservögel mit großen Schnäbeln und Hautsäcken. Zwei Arten in Südosteuropa.

Familie Reiher: langer Hals, lange Beine, spitzer Schnabel, Kopf im Flug zurückgebogen. Zehn Arten, darunter auch zwei Dommeln.

Familie Störche: groß, langbeinig, langer Hals, im Flug nach vorne gestreckt. Zwei Arten, der Schwarz- und der Weißstorch.

Familie Ibisse: storchähnliche Tiere mit abgeplattetem (Löffler) oder zugespitztem, gebogenem Schnabel (Sichler).

Familie Flamingos: nur eine Art.

Familie Enten: Wasservögel, Füße mit Schwimmhäuten. 48 Arten, darunter die Schwäne, Gänse, Enten und die drei Sägerarten.

Familie Greifvögel: Große Tiere mit breiten Flügeln, gute Segler, Hakenschnabel, Greiffüße mit scharfen Krallen. 28 Arten, darunter Geier, Adler, Bussarde, Habicht, Sperber, Milane und Weihen.

Familie Falken: Greifvögel mit kleinen, spitzen Flügeln, schnelle Flügelschläge, rasante Flieger. Zehn Arten, darunter Wander- und Turmfalke.

Familie Hühnervögel: vielgestaltig, vorwiegend Körnerfresser, die im Boden scharren. Insgesamt 19 Arten, darunter Schnee-, Birk- und Auerhuhn, Rebhuhn, Wachtel und Fasan.

Familie Kraniche: zwei sehr seltene Arten.

Familie Rallen: heimische Wasser- und Sumpfbewohner, beweglicher als Enten, Füße nicht mit Schwimmhäuten. Neun Arten, darunter Teichhuhn und Bleßhuhn.

Familie Trappen: große, sehr scheue Bodenvögel. Drei Arten, darunter die Großtrappe.

Familie Austernfischer: nur eine schwarzweiße Art mit rotem Schnabel.

Familie Regenpfeifer: kräftige Strand- und Ufervögel. Zwölf Arten, darunter auch die Kiebitze.

Familie Schnepfenvögel: vielgestaltige Gruppe, meist in feuchten Gebieten. 34 Arten, darunter Bekassine, Waldschnepfe, Brachvogel, Wasserläufer, Rotschenkel und Kampfläufer.

Familie Wassertreter: drei seltene nordische Arten, darunter das Thorshühnchen und das Odinshühnchen.

Familie Stelzenläufer: langbeinig, langhalsig, langer Schnabel. Zwei Arten, Säbelschnäbler und Stelzenläufer.

Familie Triele: Watvögel, nur eine Art.

Familie Brachschwalben: kleine, regenpfeiferähnliche Watvögel. Drei Arten.

Familie Raubmöwen: greifvogelähnliche Seevögel mit dunklem Gefieder. Vier Arten.

Familie Möwen: langflügelige, meist weiße Meeresvögel. 16 Arten.

Familie Seeschwalben: möwenähnlich, aber schlanker, Schwanz gegabelt. Elf Arten.

Familie Alke: gesellige, entenähnliche Meeresvögel mit breitem Schnabel. Sechs Arten, darunter die Lummen und der Papageitaucher.

Familie Flughühner: taubenartige Bodenvögel in Steppen. Drei Arten.

Familie Tauben: gute Flieger, gurrende Stimme. Sechs Arten.

Familie Kuckucke: größere, schmalflügelige, langschwänzige Vögel, Brutschmarotzer. Drei Arten.

Familie Eulen: nächtliche Greifvögel mit großem Kopf, Flug geräuschlos. 13 Arten, darunter Schleiereule, Uhu, Käuze und Ohreulen.

Familie Ziegenmelker: Nachtvögel mit weitem Schnabel, selten zu sehen. Drei Arten.

Familie Segler: schwalbenähnliche, hervorragende Flieger. Vier Arten, darunter Mauersegler.

Familie Eisvögel: nur der prächtig gefärbte Eisvogel, ein Stoßtaucher.

Familie Bienenfresser: nur eine farbenprächtige südeuropäische Art.

Familie Racken: nur eine farbenprächtige südeuropäische Art, die Blauracke.

Familie Wiedehopfe: nur eine Art, an der Federhaube leicht erkennbar.

Familie Spechte: starke Füße, kräftiger Schwanz, Meißelschnabel, meist auf Bäumen. Neun Arten.

Familie Wendehälse: spechtähnlich, aber ohne Kletterschwanz und Klettervermögen. Nur eine bräunliche Art.

Familie Lerchen: bräunliche Bodenvögel, gute Läufer. Elf Arten.

Familie Schwalben: gute Flieger, schlanke Flügel, weit zu öffnender Schnabel. Fünf Arten.

Familie Stelzen: schlanke Bodenvögel, flinke Läufer, langer wippender Schwanz. Zehn Arten, darunter mehrere Pieper.

Familie Würger: große, räuberische Singvögel, schön gezeichnet, Schnabel hakenförmig. Fünf Arten, darunter der Neuntöter.

Familie Seidenschwänze: nur eine prächtige Art.

Familie Wasseramseln: nur eine scheue, braunweiße Art, die im Wasser tauchend nach Nahrung sucht.

Familie Zaunkönige: nur eine Art, der kleinste einheimische Vogel.

Familie Braunellen: bräunlich, sperlingsähnlich, Schnabel schlanker und spitzer. Zwei Arten.

Familie Grasmücken: bewegliche, eintönig gefärbte, schlanke Insektenfresser. 40 Arten, darunter die Schwirle, Rohrsänger, Spötter, Grasmücken, Laubsänger und Goldhähnchen.

Familie Sänger: vielgestaltige, unterschiedlich gefärbte Gruppe. 36 Arten, darunter Fliegenschnäpper, Nachtigall, Blau- und Rotkehlchen, Rotschwänze, Steinschmätzer, Drosseln und Amseln.

Familie Bartmeisen: nur eine prächtig gefärbte Art.

Familie Schwanzmeisen: Schwanz lang, Schnabel kurz. Nur eine Art.

Familie Beutelmeisen: kleine Singvögel mit kunstvollem Beutelnest. Nur eine Art.

Familie Meisen: rundlich, kurzschnäbelig, gute Turner im Geäst. Neun Arten.

Familie Spechtmeisen: klettern an Bäumen aufwärts und abwärts, ohne den Schwanz als Stütze zu verwenden. Vier Arten, darunter der Kleiber.

Familie Mauerläufer: nur eine prächtig gefärbte Hochgebirgsart.

Familie Baumläufer: lebhafte, bräunlich gefärbte Vögel, laufen an Baumstämmen spiralförmig nach oben. Zwei Arten.

Familie Ammern: Singvögel mit kurzem, dickem Schnabel, Körnerfresser. 14 Arten.

Familie Finken: verschiedengestaltige, oft lebhaft gefärbte Singvögel, Schnabel dick. 19 Arten, darunter Girlitz, Stieglitz, Zeisige, Hänfling, Fichtenkreuzschnabel, Kernbeißer und Gimpel.

Familie Sperlinge: dickschnäbelig, kräftig gebaut, eher eintönig gefärbt. Fünf Arten.

Familie Stare: sehr lebhafte, geschwätzige Vögel, Schnabel ziemlich lang. Drei Arten.

Familie Pirole: nur eine lebhaft gefärbte Art.

Familie Rabenvögel: große Singvögel, Schnabel kräftig, Färbung eintönig bis kräftig. Elf Arten, darunter Häher, Elstern, Dohlen, Krähen und Kolkrabe.

KLASSE SÄUGETIERE: Junge werden mit Milch aus besonderen Drüsen ernährt; besondere Gebißformen, Haarkleid, Schweißdrüsen.

ORDNUNG INSEKTENFRESSER: mehr oder wenig ausgeprägt rüsselförmige Schnauze, je fünf Finger und Zehen, Zähne mit scharfen Spitzen, Räuber.

Familie Igel: Stachelkleid. Drei Arten.

Familie Spitzmäuse: kleine, mausähnliche Tiere mit spitzer Schnauze, Bodenbewohner, kein Winterschlaf. Elf Arten, darunter das kleinste Säugetier der Welt.

Familie Maulwürfe: Vorderbeine mit Grabschaufeln, Augen sehr klein, unterirdische Lebensweise, kein Winterschlaf. Vier Arten.

ORDNUNG FLEDERMÄUSE: gute Flieger mit umgebauten Vordergliedmaßen, Orientierung durch Ultraschallpeilung, durchwegs Insektenfresser mit Winterschlaf.

Familie Hufeisennasen: Schnauze mit häutigem Aufsatz in Form eines Hufeisens. Fünf Arten.

Familie Glattnasen: Schnauze ohne Aufsatz, Ohren mit einem meist spitzen Deckel. 26 Arten, darunter die Mausohren und die Langohren.

Familie Bulldoggfledermäuse: nur eine Art im Mittelmeergebiet.

ORDNUNG AFFEN: in Europa nur eine Art, der Berberaffe auf den Felsen von Gibraltar.

ORDNUNG HASENTIERE: Nagetieren ähnlich, aber mit diesen nicht verwandt. Vier obere Schneidezähne, zwei große und unmittelbar dahinter zwei kleine.

Familie Hasen: umfaßt nur das Wildkaninchen, den Schnee- und den Feldhasen.

ORDNUNG NAGETIERE: meißelförmige, dauernd nachwachsende Schneidezähne.

Familie Hörnchen: große Tiere mit langem, buschigem Schwanz. Sieben Arten, darunter Eichhörnchen, Ziesel und Murmeltier.

Familie Biber: umfaßt nur den plumpen Biber mit seinem flachen Schwanz.

Familie Hamster: kleine bis mittelgroße Tiere mit kurzem Schwanz. Drei Arten.

Familie Bilche: auch Schläfer genannt; nachtaktive, ziemlich kleine Tiere mit langem, buschigem Schwanz. Winterschlaf. Fünf Arten, darunter Siebenschläfer und Haselmaus.

Familie Mäuse: kleine bis mittelgroße Tiere, stumpfe Schnauze, dünn behaarter Schwanz mit deutlichen Ringen, kein Winterschlaf. 28 Arten, darunter Lemminge, Mäuse und die Ratten.

Familie Blindmäuse: Augen und Schwanz nicht sichtbar, maulwurfähnlich, mit Grabbeinen. Zwei Arten im Steppengebiet Osteuropas.

Familie Hüpfmäuse: nur zwei wenig bekannte Arten.

Familie Stachelschweine: große, stachelbewehrte Nagetiere. Nur eine Art.

Familie Biberratten: nur eine aus Südamerika eingeführte Art, Biberratte oder Nutria genannt.

ORDNUNG RAUBTIERE: vorwiegend große Tiere mit Raubtiergebiß und Reißzähnen.

Familie Hunde: fünf Arten, darunter Wolf, Schakal, Fuchs und der nordamerikanische Marderhund.

Familie Bären: umfaßt nur Braunbär und Eisbär.

Familie Kleinbären: umfaßt nur den nordamerikanischen Waschbär, der sich zur Zeit stark ausbreitet.

Familie Marder: schlanke Tiere mit kurzen Beinen. Elf Arten, darunter Dachs, Hermelin, Wiesel, Nerz, Iltis, Fischotter, Zobel und Vielfraß.

Familie Schleichkatzen: kleine, elegante Tiere mit nächtlicher Lebensweise. Nur eine Art, die Ginsterkatze.

Familie Mangusten: kleine, marderähnliche Tiere, nur eine Art in Südspanien.

Familie Katzen: nur drei Arten, die Wildkatze, der Nordluchs und der Pardelluchs.

ORDNUNG ROBBEN: an das Wasserleben angepaßt, mit flossenartigen Gliedmaßen.

Familie Walrosse: nur eine Art.

Familie Seehunde: sieben Arten, darunter Ringel- und Sattelrobbe.

ORDNUNG UNPAARHUFER: große Tiere mit einer oder drei Zehen.

Familie Pferde: dazu gehörte der heute ausgestorbene Tarpan, ein Vorfahre unseres Hauspferdes.

ORDNUNG PAARHUFER: zwei Zehen, an jedem Fuß zwei oder vier Hufe, Kopf meist mit Hörnern oder Geweihen.

Familie Schweine: nur eine Art, das nicht wiederkäuende Wildschwein.

Familie Hirsche: Wiederkäuer mit Geweih. Sechs Arten, darunter auch Reh, Rentier und Elch.

Familie Rinderartige: Wiederkäuer mit Hörnern. Sieben Arten, nämlich Wisent, der ausgestorbene Auerochs, Mufflon, Steinbock, Gemse, Moschusochse und Saiga.

ORDNUNG WALE: große bis sehr große, fischartige meeresbewohnende Säuger. Sie dringen nur sehr selten ins Süßwasser ein, z. B. der Schwertwal und der Weißwal.

Bildnachweis

Ardea, London 24u, (I. R. Beames) 51u, (R. J. C. Blewitt) 55, (J. P. Ferrero) 32, 66–67, 75o, (M. W. Grosnick) 56, (C. R. Knights) 26, (A. Lindau) 27u, 64–65, (J. Mason) 70l, (P. Morris) 54, Bruce Coleman Ltd., London (J. Burton) 45, 51o, 52, 61o, (M. Dakin) 53u, (G. Doré) 28, (N. Fox-Davies) 10–11, (U. Hirsch) 33o, (J. Markham) 36u, 67o, (Pekka Helo) 30o, (F. Polking) 67u, (H. Reinhard) 30u, 40, 44, 46l, 72, 73, (F. Sauer) 38–39, (K. Taylor) 38, 53o, (R. Thompson – F. W. Lane) 61u, (P. Ward) 50, (R. Wilmshurst) 12–13, 56–57; G. Gerster, Zürich 18–19; Robert Harding Picture Library, London 75l, (Photri) 36o; Jacacana, Paris (Casino) 63, (M. Danegger GDT) 6–7, (Ermie) 25, (Labat J. M.) 62o, (A. Rainon) 40–41, (Varin-Visage) 8–9, 37u, (Veiller) 71, (Ziesler) 24o; G. Mazza, Montecarlo 18u, 19o; Nature, Chamalieres (D. S. Berthon-Chaumeton) 14–15, 74, (Chaumeton), 42o, r, 60, (Chaumeton-Chantelat) 37o, 57; (Chaumeton-Lanceau) 19u, 29, (Ferrero) 22–23, (Lamaison) 18o, (Lanceau-Visage) 22u, r, 33u, 42u, l, 46r, 64, 66, (Samba) 72–73, (Visage) 2, 31; The Natural History Photographic Agency, Saltwood (S. Dalton) 70r, (J. Good) 41o, (W. J. C. Murray) 62u; Oxford Scientific Film Ltd., Oxford (John Paling) 47; Press-tige Pictures Ltd., Norwich (D. Avon & T. Tilford) 27o, 43; Tony Stone Photolibrary Ltd., London 41u.

Stichwortverzeichnis

Aal 17, 59, 61
Adler 24
Alpen 20 ff.
Alpenbock 21, 29, 32, 38
Alpenbraunelle 35 f.
Alpendohle 21, 26
Alpenkrähe 21
Alpenrose 25, 29
Alpensalamander 21, 28 ff.
Alpenschneehuhn 21, 25 ff.
Alpensegler 21, 26
Alpenspitzmaus 26
Ameisen 38 ff., 55
Apollofalter 21
Arnika 29
Äsche 59 f.
Auerhahn 17, 21, 27, 31
Austernfischer 69

Bär 42 ff.
Barsch 59, 61
Bartmeise 59, 65
Baummarder 35, 43
Baumschläfer 35, 44
Bergeidechse 21, 26 ff.
Bergflockenblume 25
Bergföhre 25
Biber 17, 59, 64
Biberratte 59, 65
Bienen 52 ff., 72
Bienenfresser 69, 72
Binse 61
Birkhuhn 21, 26
Bitterling 59, 61
Blattlaus 38, 49, 52 ff., 55 ff.
Blauelster 69, 74
Bläuling 49, 52
Blauracke 69
Bockkäfer 37
Brachschwalbe 69, 74
Braunbär 16, 17, 35, 45
Buchdrucker 35, 39 ff.
Buche 24, 29
Bussard 31

Dachs 17, 35, 42 ff.
Damhirsch 17, 69, 73, 75
Dickkopffalter 49, 51 f.
Döbel 59, 61
Dohle 49, 57

Edelweiß 25
Eichelhäher 17, 35 ff.
Eichelspecht, nordamerikanischer 37
Eichhörnchen 16, 17, 35, 43 ff.
Eidechse 28, 75
Eidechsennatter 69, 74
Eintagsfliege 60
Eisvogel 17, 59, 67
Elster 57
Engerling 52
Ente 64

Fasan 69
Feldlerche 49, 56
Feldmaus 54 ff.
Feuersalamander 28
Fichte 24, 38 f.

Fichtenkreuzschnabel 35 f.
Fingerkraut 60
Fischotter 16, 17, 59, 66 ff.
Flamingo 17, 59, 65, 67
Flechtenbär 21, 29
Fledermaus 45
Florfliege 49, 52, 57
Forelle 59, 60, 63
Frösche 59, 61, 63
Fuchs 17, 42 ff., 46

Gänsegeier 17, 69, 71, 74 f.
Gartenschläfer 35, 45
Geier 71
Gelber Bär 21, 28
Gelbrandkäfer 59, 62 f.
Gemse 21 ff.
Gimpel 35 ff.
Glasschnecke 29
Glockenblume 24
Glühwürmchen 29, 56
Goldhafer 24
Goldlaufkäfer 21, 29
Gottesanbeterin 69 f., 74
Graureiher 17, 59, 65
Grillen 56 ff.
Großtrappe 69
Gründling 59, 60
Grünes Heupferd 49, 53
Grünspecht 17, 37

Hase 69
Haselhuhn 21
Haselmaus 35, 44 ff.
Hasenschwanzgras 61
Haubenlerche 49
Haubenmeise 35, 36
Haubentaucher 59, 65
Hecht 59 f.
Hermelin 21, 25 ff.
Heuschrecken 56
Hirsch 16, 17, 40 ff.
Hirschkäfer 35, 44
Hornmilben 47
Hummeln 49, 52 ff.
Hundertfüßer 47

Igel 17, 45
Iltis 17, 35, 42

Karausche 59, 61
Karpfen 59, 61
Kaulquappen 28, 63 ff.
Kleiner Fuchs 51
Knöterich 28
Köcherfliege 59, 60, 62, 66 ff.
Kohlweißling 51
Körniger Laufkäfer 21, 29
Krähen 26 ff., 57
Kraniche 69, 74
Kreuzotter 17, 35, 42 ff.
Kreuzschnabel 43
Kuckuck 17, 36 ff.

Lachs 17, 59 f.
Laichkraut 62
Lärche 24
Latsche 25
Laufkäfer 29

Lerchen 56 ff.
Libelle 59, 63
Löffler 69, 74
Luchs 17, 21, 31

Macchia 19, 68 ff.
Maifisch 59, 61
Maikäfer 49 ff.
Marder 17
Marienkäfer 49, 52
Mauerläufer 21, 27
Maulwurf 17, 30, 49, 54
Maulwurfsgrille 49, 53 ff.
Mäusebussard 21, 30 ff.
Mauswiesel 17, 21, 26 ff.
Meeraster 61
Meisen 36
Mohrenfalter 21, 28
Möwe 69
Mücken 66
Murmeltier 17, 21, 24 f.

Nachtigall 67
Nachtreiher 59, 65
Nebelkrähe 49
Neunauge 59, 61

Perleidechse 69, 75
Pillendreher 70 ff.
Plattwurm 60
Purpurreiher 59, 65

Queller 65

Rabenkrähe 57
Rallenreiher 59, 64
Rauchschwalben 49, 56
Regenwürmer 40, 47, 49, 53 ff.
Reh 17, 35, 46 ff.
Reiher 64 ff.
Riesenholzwespe 35, 39 ff.
Rindenlaus 38
Ringelnatter 59, 64
Rohrdommel 59, 64 f.
Rosenkäfer 50
Rote Waldameise 32, 35, 37 ff.
Rotfuchs 42
Rothirsch 17, 35, 75
Rotkehlchen 36, 37
Rückenschwimmer 59, 62

Saatkrähe 49, 57
Säbelschnäbler 59, 65, 67
Saibling 59, 60
Sandflughuhn 69, 74
Sandlaufkäfer 21, 29 ff., 69
Sandsegge 61
Schaumzikade 49, 51 f.
Schermaus 17, 21, 26 ff., 59, 61
Schilfrohr 65
Schlammschnecke 59
Schleie 59, 61
Schleiereule 49, 55 ff.
Schlupfwespe 49
Schmalbock 35, 38
Schmetterling 44, 50 ff.
Schmutzgeier 17, 69, 71, 75
Schnecken 29, 60 ff.
Schneehase 21, 26 f.
Schwalbenschwanz 49, 51

Schwarzer Apollo 28
Schwarzerle 64
Seeregenpfeifer 69
Seerose 61, 65
Seeschwalbe 75
Siebenschläfer 17, 35, 44 ff.
Silbermöwen 74 ff.
Skarabäus 69 ff.
Skorpion 62
Specht 37, 38
Sperlinge 57
Spinnen 47, 54 ff.
Spitzmaus 17, 26, 30
Springschwänze 47
Stachelschwein 17, 69, 72
Stechmücken 66
Steinadler 17, 21, 23
Steinbeißer 59, 61
Steinbock 17, 21 ff.
Steinbrech 25
Steinkriecher 21, 29
Steinmarder 35, 43
Stelzenläufer 59, 65
Stengelloser Enzian 25
Sternsteinbrech 60
Stockente 59
Storch 69, 74
Sumpfmeise 35 ff.

Tafelente 64
Tagpfauenauge 49 ff.
Tannenhäher 35 f.
Tannenmeise 35, 36
Taumelkäfer 59, 62
Tausendblatt 62
Tausendfüßer 21, 29, 54
Teichhühner 66
Teichläufer 59, 62
Trauerseeschwalbe 74

Uhu 17, 21, 30
Ukelei 59, 61

Waldkauz 49, 55
Wasseramsel 21, 26
Wasserhahnenfuß 61
Wasserläufer 59, 62
Wasserralle 59, 65
Wasserskorpion 59, 62
Wechselkröte 69
Weidenmeise 35 f.
Weihe 65
Weißlinge 52
Weißstorch 17
Wespen 49, 52
Wiedehopf 49
Wiesenweihe 59
Wildkaninchen 69, 72 ff.
Wildkatze 17, 21, 26, 30
Wildschwein 17, 69, 72 ff.
Witwenblume 24
Wolf 17, 21, 32 ff.
Würger 36

Zikade 60, 69 ff., 75
Zimmermannsbock 35, 39
Zitronenfalter 50, 52
Zornnatter 35
Zuckmücke 62
Zwergweide 25

80